Erwin Grosche · Dagmar Geisler
Der Badewannenkapitän

Erwin Grosche, geboren 1955, lebt als Kabarettist, Schauspieler und Autor in Paderborn. Neben seinen Kleinkunst- und Theaterproduktionen haben ihn vor allem seine Tonträger für Kinder bekannt gemacht. Seit einiger Zeit schreibt er auch Bücher für Kinder und Jugendliche, außerdem arbeitet er für Rundfunk und Fernsehen. 1996 erhielt er den Prix Panthéon, 1999 den Deutschen Kleinkunstpreis in der Sparte Kleinkunst, 2000 den Kulturpreis der Stadt Paderborn.
Weitere Titel von Erwin Grosche bei <u>dtv</u> junior: siehe Seite 4.

Dagmar Geisler, 1958 in Siegen geboren, ist in Hessen aufgewachsen und lebt jetzt als Grafikerin und Autorin in der Nähe von München. Inzwischen sind eine Vielzahl von Kinder- und Jugendbüchern mit ihren Illustrationen erschienen, darunter auch alle Bücher von Erwin Grosche bei <u>dtv</u> junior.

Erwin Grosche · Dagmar Geisler

Der Badewannenkapitän

Gedichte und Geschichten für Kinder

Deutscher Taschenbuch Verlag

Von Erwin Grosche sind bei dtv junior außerdem lieferbar:
Das Schönste überhaupt, dtv junior 70501
Mensch Bommel!, dtv junior 70527
Auf leisen Sohlen, dtv junior extra 70558
Charly Hases Osterhasenlexikon, dtv junior 70561
Engelchens Weihnachtslexikon, dtv junior 70609
Die Saubande, dtv junior 70645

Dieses Buch widme ich
allen meinen kleinen
und großen Kindern!

Erwin Grosche, Paderborn im Februar 2002

Originalausgabe
In neuer Rechtschreibung
Dezember 2002
© 2002 Deutscher Taschenbuch Verlag GmbH & Co. KG, München
www.dtvjunior.de
Nachweis einzelner Texte im Anhang
Umschlagkonzept: Balk & Brumshagen
Umschlagbild: Dagmar Geisler
Lektorat: Sophia Marzolff
Gesetzt aus der Bembo 12/14,5´
Gesamtherstellung: Kösel, Kempten
Printed in Germany · ISBN 3-423-70736-4

Inhalt

»Pssst, die Kleinen schlafen …«
Einschlafgeschichten und Traumgedichte

»Wann kommt der Bus, wann kommt der Bus?«
Draußengedichte und Reisegeschichten

»Hauch ich meinen Atem …«
Stubenhockergeschichten und Regentaggedichte

»Lufffftballon! …«
Lärmgedichte und Mitmachgeschichten

»Vor lauter Bäumen …«
Luftgeschichten und Erdgedichte

»Und Löffel zu Löffel ins Löffelfach …«
Suppengedichte und Krümelgeschichten

Der Kühlschrank

Eier, Käse,
Butter, Quark,
Joghurt, Sahne,
Würstchenmark.

Blutwurst,
Remoulade, Mais,
Ketchup,
Mayonnaise, Eis.

Mozzarella,
Leberwurst,
Sprudel
für den Sprudeldurst.

Mozzarella,
Knoblauchrahm,
Crème fraîche
für den Leguan.

(Der Leguan ist eine tropische
Baumeidechse.)

Das Frühstücksei

Ein Ei auf einem Löffel saß,
Löffel saß, Löffel saß,
bevor es kam ins heiße Nass,
heiße Nass, heiße Nass,
und wurde so schnell 1-2-3,
1-2-3, 1-2-3
zum weich gekochten Frühstücksei,
Frühstücksei, Frühstücksei.

Damit es nachher besser schmeckt,
besser schmeckt, besser schmeckt,
wurd es sogleich noch abgeschreckt,
abgeschreckt, abgeschreckt
und war somit für jedes Kind,
jedes Kind, jedes Kind
zum baldigen Verzehr bestimmt,
Verzehr bestimmt, Verzehr bestimmt.

Ein Ei auf einem Löffel saß,
Löffel saß, Löffel saß,
bevor es kam ins heiße Nass,
heiße Nass, heiße Nass,
und wurde so schnell 1-2-3,
1-2-3, 1-2-3
zum weich gekochten Frühstücksei,
Frühstücksei, Frühstücksei.

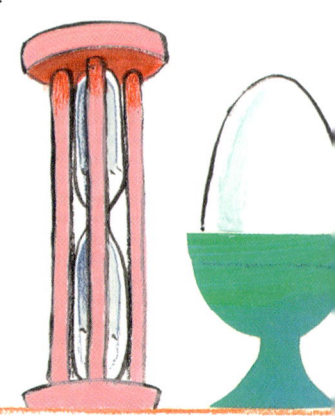

Wer Eier hat, kennt keine Not,
keine Not, keine Not,
der schmiert sie auf sein Butterbrot,
Butterbrot, Butterbrot,
gewürzt mit Pfeffer und mit Salz,
und mit Salz, und mit Salz
rutscht es zum Bauch hin durch den Hals,
durch den Hals, durch den Hals.

Ein Ei auf einem Löffel saß,
Löffel saß, Löffel saß,
bevor es kam ins heiße Nass,
heiße Nass, heiße Nass,
und hoffte wirklich bis zum Schluss,
bis zum Schluss, bis zum Schluss,
ich werde allen ein Genuss,
ein Genuss, ein Genuss.

(Dieses Gedicht kann man sehr gut
von einem Echo-Chor begleiten lassen.)

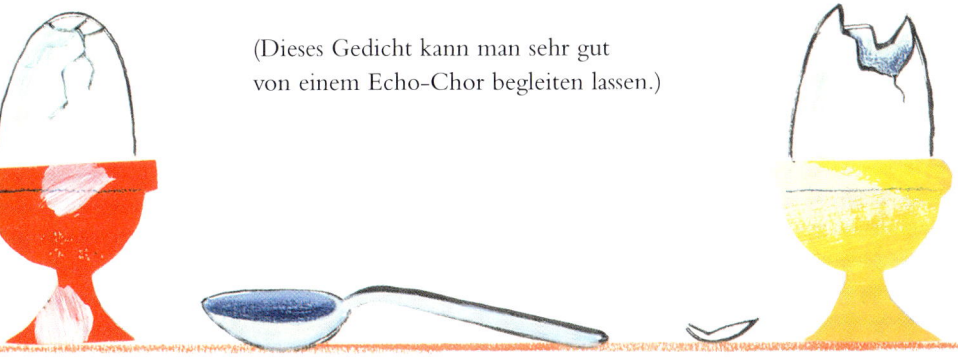

Nach dem Spülen

Und Löffel zu Löffel ins Löffelfach
und Gabel zu Gabel ins Gabelfach
und Messer zu Messer ins Messerfach –

Ach, was für'n Krach!
Wenn ich will, bin ich still.

(geflüstert:)
Und Löffel zu Löffel ins Löffelfach
und Gabel zu Gabel ins Gabelfach
und Messer zu Messer ins Messerfach –

Wenn ich will, bin ich still.
Manchmal, wenn ich lustig bin,
werf ich alles lustig hin:

Und Löffel zu Löffel ins Gabelfach
und Gabel zu Gabel ins Messerfach
und Messer zu Messer ins Löffelfach –

Manchmal, wenn ich lustig bin,
werf ich alles lustig hin.
Manchmal geht es mir so gut,
da packt mich der Übermut:

Und Löffel zu Gabel ins Messerfach
und Gabel zu Messer ins Löffelfach
und Messer zu Löffel ins Gabelfach –

Ach, was für'n Krach!
Wenn ich will –
bin ich still.

(Sprich dieses Gedicht tatsächlich mal
beim Einräumen des Bestecks.)

Die Feuerwehrtasse

Wie glücklich kann sich jeder schätzen, der eine Feuerwehrtasse sein Eigen nennt. Eine Feuerwehrtasse ist ein absolutes Muss für alle, die gerne mit Kakao ihren Durst löschen. Eine Feuerwehrtasse ist knallrot und mit den Zahlen 1-1-2 beschriftet.
Alle, die gerne heißen Kakao trinken, wissen, dass er manchmal auch zu heiß sein kann. Dann ist es gut, ihn in eine Feuerwehrtasse gefüllt zu haben. 1-1-2 ist nämlich der Weckruf der Feuerwehr. Sollte der Kakao also wieder einmal zu heiß sein, ruft man schnell die 1-1-2 an.
»Feuerwehr, komm schnell mal her, mein Kakao, der dampft so sehr!«
Die Feuerwehr kommt dann sofort vorbei und pustet und pustet und pustet, bis der Kakao endlich trinkbar ist und nicht mehr auf der Zunge brennt.

Das Brothemd

Ein Brothemd hält warm und riecht nach Brot.
Onkel Franz wünschte sich zum Geburtstag ein Brothemd.
Er hatte sich schon immer ein Brothemd gewünscht, aber bisher noch
nie eines bekommen. Friederich und Anja hatten dann eine Idee.
»Es kann doch nicht angehn«, sagte Friederich, »dass sich ein Mensch
ein Brothemd wünscht und niemand ihm das schenkt.«
Anja nickte und ging mit Friederich zu Onkel Franz. Sie borgten sich
von ihm sein Lieblingshemd und legten es am Tage vor seinem Geburts-
tag in eine Brotkiste.
Das Hemd lag dort neben einem Brot und schaute sich ängstlich um.
Das Brot war frisch gebacken und roch zum Reinbeißen gut.
»Ach, könnte ich auch so riechen«, dachte das Hemd.
Es brauchte nicht lange zu warten. Schnell nahm das Hemd den Duft
vom Brot an und wurde ein Brothemd.
Was war die Freude groß, als Onkel Franz das Geschenk auspackte
und sein nach Brot duftendes Lieblingshemd vorfand.
»Ein Brothemd«, schrie Onkel Franz und zog es gleich an.
Onkel Franz hatte Recht. Ein Brothemd hält warm und riecht gut.
Und wie Onkel Franz gut roch! Das ganze Haus war erfüllt vom Duft
nach frischem Brot. Überall, wo Onkel Franz auftauchte, machte sich
dieser Brotgeruch breit.
»Ist ein Bäcker in der Nähe?«, fragten lachend die Geburtstagsgäste
und umarmten den glücklichen Onkel Franz.
Alle Kinder wollten mit ihm spielen und auf seinem Rücken reiten,
denn ein Pferd, das ein so tolles Brothemd trägt, reitet man nicht alle
Tage. Zumal wenn es Onkel Franz heißt.

Das kleine Lied vom großen Hunger

Wenn dem kleinen Kurt
mal der Magen knurrt,
macht er einen Spurt
zu dem Kirschjoghurt.

Wenn dem kleinen Kurrt
mal der Magen knurrrt,
macht er einen Spurrt
zu dem Kirschjoghurrt.

Wenn dem kleinen Kurrrt
mal der Magen knurrrrt,
macht er einen Spurrrt
zu dem Kirschjoghurrrt.

Wenn dem kleinen Kurrrrt
mal der Magen knurrrrrt,
macht er einen Spurrrrt
zu dem Kirschjoghurrrrt.

Mhmmmm!

(Das Gedicht wird immer schneller und immer knurrender gesprochen,
bis am Schluss ein Kirschjoghurt gegessen wird und Kurt ganz zufrieden ist.
Rolle dabei schön das »r«, dann hört man auch, wie sehr der Magen knurrt.)

Apfelsaft
Beim Tragen
in den Keller
zu singen

Eine Kiste Apfelsaft
in den Keller reingeschafft
gibt den Armen ganz viel Kraft
danach trinkt man Apfelsaft.

Zwei Kisten Apfelsaft
in den Keller reingeschafft
geben Armen ganz viel Kraft
danach trinkt man Apfelsaft.

Drei Kisten Apfelsaft
in den Keller reingeschafft
geben Armen ganz viel Kraft
danach trinkt man Apfelsaft.

usw...

(Sprich das Gedicht von Strophe zu Strophe
angestrengter, weil man sehr müde wird,
wenn man so viele Kästen Saft in den
Keller schafft. Man kann dabei auch eine
leere Kiste Apfelsaft tragen und sie beim
Sprechen des Gedichtes klirren lassen.)

Kühlsätze für zu heiße Getränke und Speisen

Kakao-Kühlzauberspruch
Kakao, ich trau
mich kaum dich auszutrinken.
Bleib doch nicht heiß, ich weiß,
da hilft nur Pusten oder Winken.

(Diesen Kühlsatz spricht man
dreimal hintereinander,
danach ist der Kakao kalt
gezaubert und trinkbar.)

Suppenkühlgedicht

O du heiße Erbsensuppe,
steck ich eine Fingerkuppe
mal in dich hinein,
muss ich ganz laut schrein:

O du heiße Erbsensuppe,
steck ich eine Fingerkuppe
mal in dich hinein,
muss ich ganz laut schrein:

(usw. und schließlich:)
Bis du kalt geworden bist
und man dich mit Freuden isst!

Haifischbratenkühlsätze für Piraten

Komm her, du Haifischbraten,
lass mich nicht länger warten
und kühl in Windeseile ab.
Kann ich dich dadurch schmatzen,
geb ich dich nicht den Katzen
und ess den Pudding nicht vorab.

Flüsterkühlsätze der Lappen

Heut liegt ein Fisch auf unserm Tisch
in einer leckren Soße.
Sie ist ganz heiß und selbst gemacht,
sie kommt nicht aus der Dose.

Wir pusten nun,
Koch dieser Welt,
auf eine leckre Speise.
Wir pusten, weil wir hungrig sind,
und essen danach leise.

So flüsterten die Lappen
und aßen einen Happen.

(Die Lappen leben natürlich in Lappland.)

Schmalhans wird Küchenmeister

Am Montag wird der Bohneneintopf mit Möhren verlängert
am Dienstag wird der Möhreneintopf mit Blumenkohl verlängert
am Mittwoch wird der Blumenkohleintopf mit Kohlrabi verlängert
am Donnerstag wird der Kohlrabieintopf mit Wirsing verlängert
am Freitag wird der Wirsingeintopf mit Linsen verlängert
am Samstag wird der Linseneintopf mit Bohnen verlängert
am Sonntag bleibt die Küche kalt, da fahren wir zur Oma
»Halt«, ruft Schmalhans, Schmalhans ist unser Küchenmeister,
»es ist noch Suppe da!«

Am Montag wird der Bohneneintopf mit Möhren verlängert
am Dienstag wird der Möhreneintopf mit Blumenkohl verlängert
am Mittwoch wird der Blumenkohleintopf mit Kohlrabi verlängert
am Donnerstag wird der Kohlrabieintopf mit Wirsing verlängert
am Freitag wird der Wirsingeintopf mit Linsen verlängert
am Samstag wird der Linseneintopf mit Bohnen verlängert
am Sonntag bleibt die Küche kalt, da fahren wir zur Oma
»Halt«, ruft Schmalhans, Schmalhans ist unser Küchenmeister,
»es ist noch Suppe da!«

Die Wasser-Kocher

Frau Sonne hatte Wasser aufgesetzt.
Der Kessel stand auf dem Herd und fing
an zu grummeln. Frau Sonne hatte die Herdplatte auf drei gestellt,
damit der Wasserkessel schnell heiß wurde. Sie hatte ihn zur Hälfte
mit Wasser gefüllt und wollte damit Hagebuttentee kochen.
Alle standen in der Küche und warteten darauf, dass das Wasser
zu kochen anfing. Der Bürgermeister war da, Apotheker Görlitz,
Bademeister Hugo von Hassel und natürlich die Kinder Tobi,
Kathinka, Merlin und Laura.
»Können Sie mit dem Wasser nicht auch
Pfefferminztee kochen?«, fragte Laura.
»Wir können mit dem Wasser alles kochen, was du willst«,
sagte Frau Sonne und setzte den Pfeifhut auf den leise
zischenden Wasserkessel.
»Wann kocht denn endlich das Wasser?«, fragte Bademeister
Hugo von Hassel und wollte nach dem Wasserkessel
greifen.
»Finger weg«, schrie Frau Sonne, »keiner geht mir an den
Wasserkessel!«
Schnell stellte sich Frau Sonne vor den Herd und schob alle
anderen von ihm weg.
»Ein Herd ist wie ein Drachen«, sagte sie, »dem kommt man nur
zu nahe, wenn man alle seine Kniffe kennt.«
»Pssst«, machte Tobi, »der Drache rührt sich!«
Tatsächlich, der Wasserkessel fing an laut und lauter zu
fauchen und man meinte hören zu können, wie er heiß
und heißer wurde.

»Das Wasser bildet kleine Perlen, die sich vom Kesselboden lösen und ständig nach oben streben, so als gäbe es oben was umsonst«, sagte der Bademeister.

»Jetzt geben Sie doch nicht so an«, schimpfte der Bürgermeister, »ich habe schon Wasser kochen sehen, da haben Sie noch Ihr Pinkelbecken gereinigt.«
Tobi, Kathinka, Merlin und Laura schüttelten den Kopf. Natürlich, die Erwachsenen, da kann es keiner haben, wenn einer was besser weiß als der andere.
Das Wasser im Wasserkessel war unbeirrt am Dampfen. Kleine Dampfseufzer drangen aus den Löchern des Pfeifhutes, ließen ihn aber noch nicht ertönen.
»Ich bin so aufgeregt«, sagte der kleine Merlin zu Frau Sonne, »ich kann es gar nicht abwarten. Wann fängt denn der Kessel endlich an zu pfeifen?«
Der Kessel dachte nicht daran zu pfeifen. Er grummelte und schnabbelte nun so laut, als klatschten Zehntausende von Drachen Beifall, als sprächen alle dabei durcheinander und schnaubten und fauchten und dampften.
»Gleich passiert etwas«, flüsterte Kathinka.

»Ja, gleich passiert etwas«, sagte der Apotheker und stellte sich
hinter die anderen Wasser-Kocher.
»Keine Angst«, flüsterte Frau Sonne, »ich hab alles im Griff«,
und holte schon mal die Teekanne mit dem Teeei aus dem Regal.
Dann ging es los: Als verschaffte sich ein Drache Einlass in eine
Dampfsauna, fing es an zu zischen und zu pfeifen, dass es eine
Freude war. »Es pfeift und kocht!«, schrien Tobi und Merlin gleich-
zeitig.
»Die Perlen sind zu dicken Blasen geworden, das ganze
Wasser ist in Bewegung geraten und tanzt und singt wie auf einer
Beachparty«, sagte gerührt der Bademeister.

»Was Sie nicht sagen«, flüsterte der Bürgermeister und öffnete
ein Küchenfenster, welches vor Schreck ganz beschlagen war.
Frau Sonne lachte. Sie drehte stolz den Herdschalter auf null,
nahm den Kessel von der Platte, befreite ihn vom Pfeifenhut
und goss heißes Wasser über das Teeei in die Teekanne.
Das Wasser hatte gekocht, die Wasser-Kocher sprachen
alle durcheinander, der Apotheker pfiff dabei ein Lied.
Es schien, als wären sie selbst nun brodelndes, blubberndes Wasser
geworden, so kochte alles und die Stimmung erreichte ihren
glücklichen Siedepunkt beim Teetrinken.

Die große Krümelkuchensuche

Krümelkuchen, Krümelkuchen,
wo soll ich dich Kuchen suchen?
Soll ich mir ein Flugzeug buchen
und dich ganz woanders suchen?

Ich such dich in allen Städten,
Supermarktskonditorketten.
Wenn die Krümelkuchen hätten,
fänd ich dich, dich dicken, fetten

Krümelkuchen, Krümelkuchen,
wo soll ich dich denn nur suchen?
Ohne dich bin ich am Fluchen –
o verdammt, ich brauch dich, Kuchen.

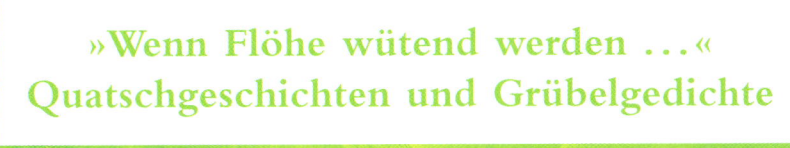

»Wenn Flöhe wütend werden ...«
Quatschgeschichten und Grübelgedichte

Mein Hund

Mein Hund, der hat drei Ecken,
drei Ecken hat mein Hund,
und hätt er nicht drei Ecken,
dann wär mein Hund ... rund.

Mein Hund, der hat drei Flecken,
drei Flecken hat mein Hund,
und hätt er nicht drei Flecken,
dann wär mein Hund nicht ... bunt.

Mein Hund, der hat drei Zecken,
drei Zecken hat mein Hund,
und hätt er nicht drei Zecken,
dann wär mein Hund ... gesund.

(nach einer Volksweise)

Bei der Feuerwehr

Bei der Feuerwehr
isst man nur Rote Beete, Rotkohl,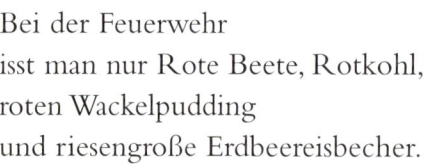
roten Wackelpudding
und riesengroße Erdbeereisbecher.

Feuerwehrmänner gehen nur mit roten Strümpfen aus dem Haus
und tragen am Aschermittwoch rote Handschuhe,
wobei man ihre roten Strümpfe nicht sehen kann,
weil sie darüber stets rote Gummistiefel tragen.

Feuerwehrfamilien wohnen in roten Fachwerkhäusern,
haben seltsam rote Haare
und eine so feuchte Aussprache,
dass sie damit Kerzen zum Erlöschen bringen können.

Alle Feuerwehrleute
werden schnell rot
und wollen später mal Indianer werden
oder Feuerwehrkasper.

In der Nacht,
wenn alle Feuerwehrbabys laut
lalü lalü lalü lalü schreien,
müssen ihre Feuerwehreltern aufstehen
und ihnen so lange das Märchen vom Rotkäppchen erzählen,
bis sie wieder eingeschlafen sind.

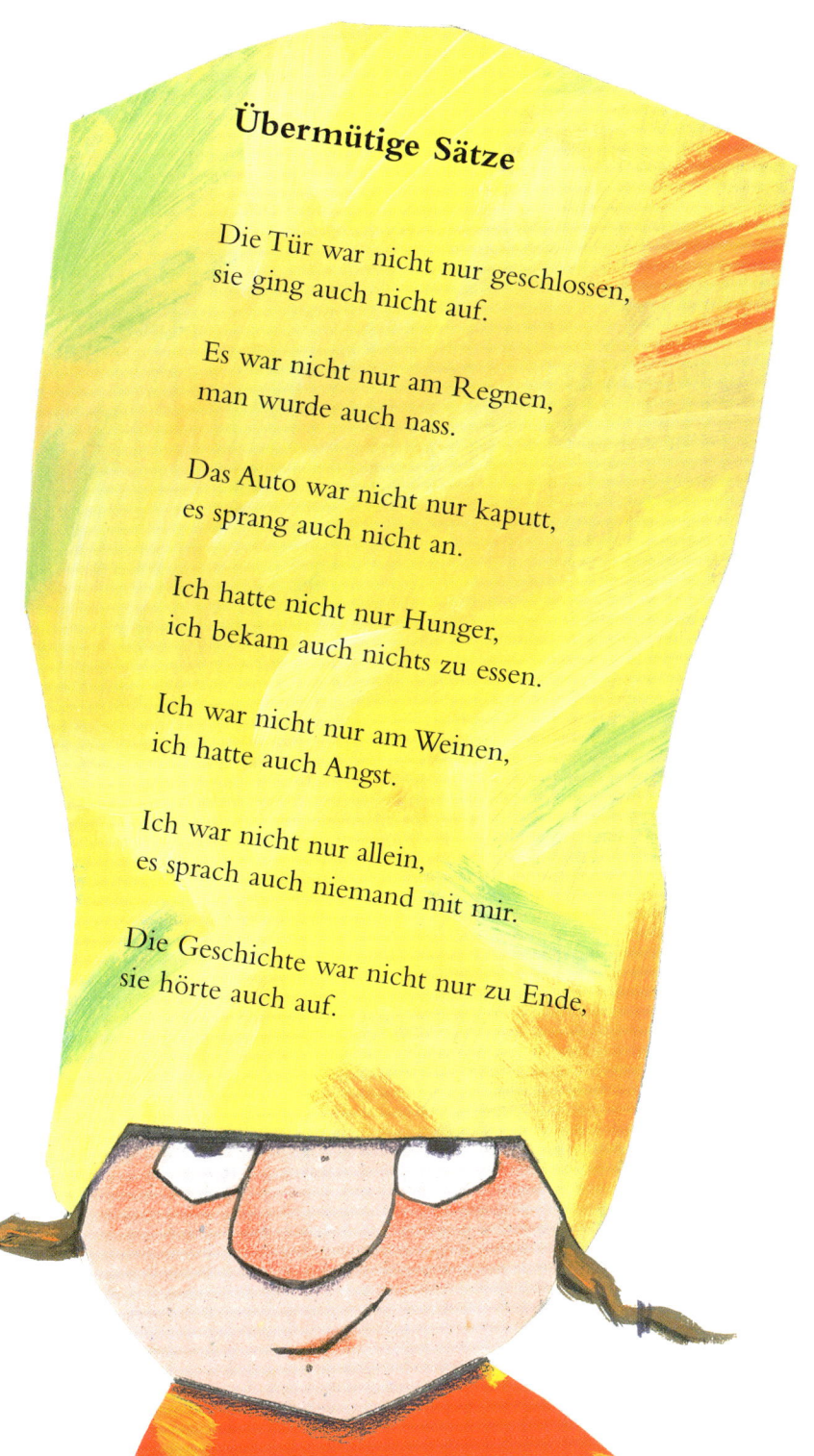

Übermütige Sätze

Die Tür war nicht nur geschlossen,
sie ging auch nicht auf.

Es war nicht nur am Regnen,
man wurde auch nass.

Das Auto war nicht nur kaputt,
es sprang auch nicht an.

Ich hatte nicht nur Hunger,
ich bekam auch nichts zu essen.

Ich war nicht nur am Weinen,
ich hatte auch Angst.

Ich war nicht nur allein,
es sprach auch niemand mit mir.

Die Geschichte war nicht nur zu Ende,
sie hörte auch auf.

Wenn ich König bin

Wenn ich König bin,
braucht kein Kind mehr seinen Teller Spinat aufzuessen,
und trotzdem gibt's am nächsten Tag kein schlechtes Wetter.

Wenn ich König bin,
dann dürfen alle Kinder so lange in der Nase herumbohren, wie sie wollen,
und brauchen keine Postkarte abschicken, egal wo sie ankommen.

Wenn ich König bin,
dann dürfen alle Kinder so lange vor dem Fernseher stehen bleiben,
wie sie wollen,
auch wenn ihr Vater kein Glaser ist.

Wenn ich König bin,
dann müssen alle Lehrer und alle Lehrerinnen,
also auch Frau Krause, was Vernünftiges werden,
zum Beispiel Fußballtorwart oder Schlagersängerin –
also irgendwas, was man ernst nehmen kann.

Und wenn ich König bin,
dann gibt es keine einzige Blockflöte mehr,
sondern nur noch Trompeten,
und nach einer Stunde Trompetenprobe
haben sich manche Probleme dieser Welt wie von selbst gelöst.
Tätärätätärä!
(Obladi Oblada von den Beatles war das.)

Und dann werd ich sagen:
Ab heute ist eins plus eins drei,
und wem das nicht passt, dem spiel ich noch einmal
was auf der Trompete vor –
also noch mal Obladi Oblada von den Beatles,
aber dann alle Strophen.

Und dann werd ich sagen:
Ab heute wird der Wal mit Doppel-A, also Waal, geschrieben,
weil der Wal groß ist wie ein Saal,
und der Staat wird ja auch mit Doppel-A geschrieben
und da gibt es doch ein Wahlrecht.

Und dann werd ich sagen:
Ab heute wird im Urlaub nicht mehr in die Eifel gefahren,
in diese blöde Eifel,
wo mir immer dieses Mädchen aus Hamburg auflauert,
das jedes Mal den gleichen Furzwitz erzählt,
über den man gar nicht mehr lachen würde,
wenn's nicht ein Mädchen wäre –
also jedes Mal diesen blöden Furzwitz,
das find ich schon längst nicht mehr komisch.

Und dann werd ich sagen:
Und außerdem, Frau Krause,
heißen Sie ab heute nicht mehr Frau Krause,
sondern Frau Brause –
und dann wird sie schäumen vor Wut
und dann sage ich, sehen Sie,
es passt doch zu Ihnen, Frau Brause,
und wissen Sie auch, warum das so ist, Frau Brause?
Weil ich ab heute König bin!
Und dann wird sie vor Schreck umkipen
und Kippen mit einem P geschrieben –
Pech gehabt!

Also, wenn ich König bin,
dann können alle anderen auch König sein,
außer Frau Brause,
außer sie erlaubt, dass König auch mal
mit E geschrieben werden darf.
Dann hätte ich nämlich noch 'ne Vier
und könnte jetzt nach Hause.

Der Clown Buh

Ich binde meine Schuh nicht zu,
ich binde sie nicht zu.
Wenn ich dann vorwärts rase,
leg ich mich auf die Nase.
Ich binde meine Schuh nicht zu,
ich binde sie nicht zu!

Hut Hut

Unter meinem Tropenhut
geht's mir antilopengut.
Unter meiner Baseballkappe
ich nach einem Baseball schnappe.

Unter einem Fingerhut
geht es meinem Finger gut.
Unter einer Zeitungsmütze
ess ich gerne rote Grütze.

Hut, Hut
steht mir gut.
Hut, Hut
steht mir gut.

Unter einem Plastikturban
traf ich kürzlich Kalle Urban,
fragte ihn: Hast du 'nen Knall?
Doch es war nur Karneval.

Unter einer Clownsperücke
ich mich zu 'nem Po-Tritt bücke.
Unter einem Eisenhelm
werde sogar ich zum Schelm.

Hut, Hut
steht mir gut.
Hut, Hut
steht mir gut.

Der Angeber

MAX
kann seinen Namen in den Schnee pinkeln.

ALEXANDER
nicht.

Die lange Nase

Es war einmal ein Mann,
der hieß Schmidt.
Schmidt hatte eine so lange Nase,
dass niemand der Vorübergehenden
es sich verkneifen konnte,
ihm einen Luftballon daran zu hängen.

Ärgerlich.

Es gab Tage, da hatte Schmidt
zehn Luftballons an der Nase hängen
und kam sich vor wie ein Angeber.
Die Luftballons hoben seine Nase in die Höhe
und mit ihr den ganzen Herrn Schmidt.

Wirklich ärgerlich.
So konnte es nicht weitergehen.

Da entschloss sich Schmidt
aus seiner langen Nase das Beste zu machen.
Er dachte: Wenn schon jeder meint
an meine Nase Luftballons hängen zu müssen,
dann werde ich einfach –
Luftballonverkäufer.

Märchen-Adressen

(zum Weiterdenken)

Familie Geislein
Im Uhrenkasten 7
38444 Wolfsburg

Knusper Hexe
Lebkuchenstr. 2
71332 Waldhausen

Dornröschen
Schlafplatz 100
07980 Prinzenkussdorf

Tapfer Schneiderlein
Fliegenstr. 7
19055 Streichheim

Rotkäppchen
Wolfsweg 3
55900 Wackerstein

Schneewittchen
Zwergstr. 7
42619 Stiefmutlersfort

Schneewittchen und die 7 Zwerge

Kurzfassung

Schneewittchen und die 7 Zwerge
Uh!
Schneewittchen und die 6 Zwerge
Oh!
Schneewittchen und die 5 Zwerge
Ah!

Schneewittchen und die 4 Zwerge
Uh!
Schneewittchen und die 3 Zwerge
Oh!
Schneewittchen und die 2 Zwerge
Ah!

Schneewittchen und der 1 Zwerg
Uh!
Schneewittchen –
Oh!
Schneewittchen sitzt im Kittchen!
Ah!

Das Windzimmer

Der Wind wollte sich ein Zimmer mieten. Es sollte ein Zimmer sein, in dem er mal richtig laut sein konnte.

»Hu Ha Ho!«

»Frühstück gibt es bis um zehn«, sagte Frau Braukmann vom Hotel Friedenstal und drückte dem Wind seinen Zimmerschlüssel in die Hand.

»Hu Ha Ho!«

Danach schlich er in sein Zimmer und stürmte, sauste, wehte, dass es eine Freude war. Er schrie »Huhu« und pfiff »Haha« und kreischte laut sein »Hohoho«. Danach ging es ihm gut und er schlief glücklich und zufrieden ein.

Am nächsten Morgen kam er in den Frühstückssaal. Er war so gut gelaunt, dass er die Servietten tanzen ließ und das Müsli aus seiner Schüssel blies.

»Hu Ha Ho!«

»So geht es aber nicht, Herr Wind«, schimpfte Frau Braukmann, »wir sind ein anständiges Haus. So einen Unsinn können Sie im Herbst machen, aber nicht bei uns.«

Da lachte der Wind und verzog sich schnell wieder nach draußen.

»Hu Ha Ho!«

Umwelt

Wenn die Umwelt
umfällt,
fallen wir alle auch
auf den Bauch!

Wenn Flöhe wütend werden

Wenn Flöhe wütend werden, ist was los,
oh oh oh oh oh,
dann schreien sie und brüllen los,
oh oh oh oh oh.

Dann hüpfen sie und tuen groß,
oh oh oh oh oh,
dann wüten sie und jammern bloß,
oh oh oh oh oh.

Wenn Flöhe wütend werden, ist was los,
oh oh oh oh oh.
Zum Glück werden Elefanten nicht so schnell wütend.

Kinderrechtschreibreform

Das Schaaaf

Ab heute wird das Schaf im Winterfell SCHAAAF geschrieben,
also mit drei A. Nach dem Scheren der Schafe, der Schur,
wird das leicht geschorene Schaf mit zwei A geschrieben, also
SCHAAF, während die Radikalschur das Schaf ohne A entlässt:
als SCHF.

Der Schneefall

Wenn im Winter der Schnee aus den Wolken fällt, erlebt man
einen Schneefall. Je nachdem, wie stark es schneit, kann man den
Schneefall mit zusätzlichen E's aufwerten. Aus leichtem Schneefall wird dann der starke Schneeeeeeeefall.

Die Erdbeere

Die Erdbeere wird im unreifen Zustand als Erdbeere be-
schrieben. Im Sommer beschreibt man die reife Erdbeere mit
einem Buntstift als Erdbeere.

Der Badewannenkapitän

Es war einmal ein Mann, der
arbeitete im Büro. Hinter ihm
standen Tische und vor ihm standen
Tische und überall saßen Männer und
Frauen und tippten am Computer und führten
Telefongespräche: »Hallo, hallo. Wollen Sie ein Telefon
kaufen? Nicht? Sie haben schon eins? Stimmt, sonst
könnten wir gar nicht miteinander telefonieren.«
So ging das den ganzen Tag, die ganze Woche, das ganze
Jahr. Alle saßen auf ihren Stühlen vor ihren Tischen und
waren am Tippen und am Telefonieren.
»Hallo, hallo. Entschuldigen Sie, wenn ich Sie noch einmal
in Ihrer Mittagspause anrufe, aber vielleicht wollen Sie
Ohrenschützer kaufen, die kann man über die Ohren
ziehen und man hört kein Telefonklingeln mehr.«
Abends, wenn der Mann nach Hause kam, taten ihm die
Hände weh vom vielen Tippen am Computer und seine
Ohren schmerzten von dem ganzen Krach. Manchmal war
es im Büro so laut, als würden 100 Reinemachfrauen
gleichzeitig mit 100 Staubsaugern durch den Raum tigern.
Manchmal war es so laut, als würden 100 Müllfahrzeuge
gleichzeitig 100 Glascontainer entleeren.
Eines Tages, als der Mann wieder einmal nach Hause ging,
blieb er vor einem Kostümgeschäft stehen. Er blickte in das
Schaufenster und sah dort ein Hals-Nasen-Ohren-Arzt-
kostüm, eine Bauarbeiterkluft, eine Versicherungs-
vertreterausrüstung, ein Kindergärtnerinnenkostüm und

eine Kapitänsuniform – und plötzlich, plötzlich hatte der
Mann eine Idee. Er ging in das Geschäft hinein und sagte
zu der Verkäuferin: »Guten Tag, gute Frau, ich möchte
gerne eine Kapitänsjacke, eine Kapitänsbadehose, eine
Kapitänsmütze und einen Kapitänsrettungsring kaufen.
Die Verkäuferin holte alles aus dem Schaufenster, der Mann
bezahlte und lief schnell wie der Wind nach Hause.
Dort angekommen ließ er Wasser in die Badewanne
laufen, nicht zu kalt und nicht zu heiß, zog sich aus, die
Kapitänsbadehose an, die Kapitänsjacke auch, setzte sich
die Kapitänsmütze auf den Kopf und hängte den Kapitänsrettungsring an die linke Badewannenseitenwand. Er stieg
in das Wasser, schloss die Augen und war so glücklich, dass
man es kaum beschreiben kann: Wenn es draußen kalt
war, dann träumte er, er wäre irgendwo, wo es ganz schön
warm ist, im Sonnenstudio oder so, und wenn es draußen
warm war, dann träumte er, er wäre irgendwo, wo es
angenehm kalt ist, im Eiscafé oder so.
Auf einmal wurde der Mann traurig. Ihm fiel ein, dass er
am nächsten Morgen wieder ins Büro musste. Er öffnete
die Augen und plötzlich, plötzlich hatte er die Idee: Er
würde einfach seine Badewanne mit ins Büro nehmen.
Kaum zu glauben, aber wahr. Der Mann stellte seine Badewanne ins Büro, zog sich dort aus, die Kapitänsbadehose
an, die Kapitänsjacke auch, setzte sich die Kapitänsmütze
auf den Kopf und hängte den Kapitänsrettungsring an die
linke Badewannenseitenwand. Er stieg ins Wasser und be-
gann zu telefonieren: »Hallo, hallo. Wollen Sie eine
Badewanne kaufen? Ach, Sie haben schon eine Badewanne? Kein Problem, aber Sie können darin auch

Badewannenkapitän spielen. Wir verkaufen die
Kapitänsuniform dazu. Gute Idee? Wem sagen
Sie das, ich notiere also: Eine Badewannen-
kapitänsuniform für Harald Brotlaib. Vielen
Dank für den Auftrag.«

Zuerst staunten die anderen Männer und
Frauen in dem Büro nur. Als sie aber sahen,
wie glücklich der Mann in seiner Badewanne
war, dachten sie nach – und plötzlich, plötzlich
hatten sie die gleiche Idee. Alle Männer und
Frauen liefen nach Hause und brachten auch ihre
Badewanne mit ins Büro. Sie setzten sich hinein und alle
wurden so glücklich, dass man es kaum beschreiben kann.
Wenn es draußen kalt war, dann träumten sie, sie wären
irgendwo, wo es ganz schön warm ist, im Sonnenstudio
oder so, und wenn es draußen warm war, dann träumten
sie, sie wären irgendwo, wo es angenehm kühl ist, im
Eiscafé oder so.
Eines Tages bekam die Abteilungsleiterin Wind von der
Sache. Frau Snief stürmte in das Büro und traute ihren
Augen nicht. Überall saßen Männer und Frauen in ihren
Badewannen und tippten und telefonierten, dass es eine
Freude war. Frau Snief lief vor Wut rot an und wollte
schon losbrüllen und schimpfen – als sie aber sah, wie
glücklich alle in ihren Badewannen waren, dachte sie
nach – und plötzlich, plötzlich hatte sie eine Idee. Schnell
wie der Wind lief sie nach Hause und holte auch ihre
Badewanne ins Büro. Sie setzte sich hinein und wurde auf
einmal so glücklich, dass man es kaum beschreiben kann.
Wenn es draußen kalt war, konnte sie träumen, sie wäre

irgendwo, wo es ganz schön warm ist, im Sonnenstudio oder so, und wenn es draußen warm war, konnte sie träumen, sie wäre irgendwo, wo es angenehm kühl ist, im Eiscafé oder so.

Der Badewannenkapitän hatte es geschafft. Schließlich gab es im ganzen Büro keinen einzigen Stuhl mehr, sondern nur noch Badewannen, und schließlich gab es im ganzen Büro keinen einzigen Beamten mehr, sondern nur noch Badewannenkapitäne und Badewannenkapitäninnen.

Und wenn sie nicht gestorben sind, dann baden sie noch heute.

Die traurige Ballade
von den zehn kleinen Eierlein
aus dem Zehner-Eierpack

Zehn kleine Eierlein,
die lagen in der Scheun.
Da kam ein Bauer, ließ eins falln –
da waren's nur noch neun!

Neun kleine Eierlein,
die haben laut gelacht.
Da ließ der Bauer noch eins falln –
da waren's nur noch acht!

Acht kleine Eierlein,
trotz Sonne weiß geblieben,
der Osterhas malt' eines an –
da waren's nur noch sieben!

Sieben kleine Eierlein,
die trafen einen Klecks.
Ein Ei fiel auf den Klecks herein –
da waren's nur noch sechs!

Sechs kleine Eierlein,
die hatten Löcherstrümpf,
das Stopfen kost' ein Spiegelei –
da waren's nur noch fünf!

Fünf kleine Eierlein,
die sahn ein großes Tier.
Es war ein blinder Elefant –
da waren's nur noch vier!

Vier kleine Eierlein,
die fuhrn zur Polizei,
doch leider ohne Führerschein –
da waren's nur noch drei!

Drei kleine Eierlein,
die hörten einen Schrei.
Der war: »Wo bleibt mein Frühstückssei?« –
da waren's nur noch zwei!

Zwei kleine Eierlein,
die fuhrn nach Köln am Rhein.
Ein Ei fing beim Theater an,
das andre blieb allein.

Ein kleines Eierlein,
das wohnte im Hotel,
und weil ein Gast sehr hungrig war,
wurd es zum Frikadell.

Fallderie Falldera
Fallderie Falldera

Kuchen und Möbel

Einmal suchte Onkel Theobald ein Café, um dort ein Stückchen Kuchen zu essen. Endlich sah er ein Schild, das zu »Kuchen und Möbel« einlud. Oh, dachte Onkel Theobald, Kuchen und Möbel – eine ungewöhnliche Kombination, aber warum nicht? Wenn man Möbel kauft, kann man dazu auch Kuchen essen. Onkel Theobald ging also in das Möbelgeschäft und bestellte sich einen Apfelkuchen und eine Schlafcouch: Kuchen und Möbel. Der Besitzer des Möbelhauses schüttelte den Kopf und fragte erstaunt: »Sie wollen mich wohl auf den Arm nehmen? Dies ist ein Möbelhaus und kein Kuchenhaus.«
Selbstverständlich verwies Onkel Theobald auf das Schild, auf dem doch deutlich »Kuchen und Möbel« versprochen wurden.
Der Besitzer des Möbelhauses lachte und sagte: »Auf dem Schild steht doch nicht ›Kuchen und Möbel‹, sondern ›Küchen und Möbel‹, Sie haben die Punkte über dem U übersehen. Ein Möbelhaus verkauft doch keinen Kuchen, sondern Küchen!«
Onkel Theobald war enttäuscht und maulte: »Warum eigentlich? Gerade ein Möbelhaus, das Küchen verkauft, könnte doch in diesen Küchen einmal Kuchen backen, den man dann auf einem neuen Wohnzimmertisch essen könnte.«
Das war natürlich eine gute Idee. Genau genommen war das sogar eine Apfelkuchenidee mit Schlagsahne.
Sofort liefen die beiden Männer in eine der neuen Musterküchen und begannen einen leckeren Apfelkuchen zu backen. Oh, wie das duftete! Stolz stellten sie danach den Kuchen auf einen der neuen Wohnzimmertische und schmausten dort nach Lust und Laune.
Danach wurden die beiden Männer müde und legten sich in eines der neuen Doppelbetten im Obergeschoss.

Nach dem Mittagsschläfchen sagte der Besitzer des Möbelhauses: »Sie haben mich auf eine gute Idee gebracht, mein Herr. Nichts ist schöner als beim Möbelkauf noch Kaffee zu trinken und einen Kuchen zu essen.« Als Dank schenkte der Besitzer des Möbelhauses Onkel Theobald eine Schlafcouch. Doch das Schönste war, dass die beiden als Freunde auseinander gingen und sich nun regelmäßig zum Kuchenbacken treffen wollten.

Das Mädchen vom anderen Stern

Auf meinem kleinen Stern
da ham mich alle gern
dort schenken mir die Pudel
zwölf Literflaschen Sprudel
auf meinem kleinen Stern
da ham mich alle gern

Flieg ich zu meinem Stern
dann ist er gar nicht fern
mit meiner Holzrakete
zwölf Proviantpakete
flieg ich zu meinem Stern
dann ist er gar nicht fern

Und wär mein kleiner Stern
groß wie ein Apfelkern
ich pflanzt ihn in den Weltenraum
daraus wird dann ein Apfelbaum
und wär mein kleiner Stern
groß wie ein Apfelkern

Auf meinem kleinen Stern
da ham sich alle gern
und morgens haucht die
Mondesfrau
für uns den großen Himmel
blau
dann trink ich mit Frau Luna
zwölf Literflaschen Bluna
auf meinem kleinen Stern
da ham sich alle gern

Der Schuh war aufgegangen

Der Schuh war aufgegangen,
die schwarzen Bänder hangen
am Schlappen schlapp herab,
und Gehen ist ein Holpern,
ein Vorwärtsweiterstolpern –
Schuh ohne Schleife schlappt sich ab.

Der Mund war aufgegangen
und mampfte Käsestangen,
ganz lecker und ganz fein.
Danach aß er ein Würstchen
und für das kleine Dürstchen
gab es zum Nachtisch Brombeerwein.

Der Mond war aufgegangen
und zeigte wie gefangen
den dunklen Himmel blau.
Dann ging er auf und ab schräg
auf seinem Mondeslaufsteg
zur großen Mondesmodenschau.

»Ich bin der Föhn ...«
Seifengedichte und Zahnpastageschichten

Der Schwamm

Der Schwamm
saugt sich
mit Wasser
voll –
toll!

Die Seife

S E I F E
S E I F
S E I
S E
S

Sauber

(Reibe beim Sprechen die Hände aneinander, als würdest du sie mit einer Seife waschen. Das klingt gut und gibt dem Schwinden der Seife eine besondere Atmosphäre.)

Zähneputzen leicht gemacht

Ein Lied, während des Zähneputzens zu singen

Einfach um die Zeit zu nutzen,
sing ich gern beim Zähneputzen,
auch weil meiner Zähne Reihen
mir dies Singen gern verzeihen.
Putze ich sie drei Minuten,
krieg ich niemals Zahnfleischbluten.

Morgens, abends dies Aufräumen
bringt die Zahnbürste zum Schäumen.
Hoch und runter führste, führste
diese Bürste, Bürste, Bürste.

Alle Zähne es erdulden,
wenn die Borsten sie ummulden,
reisend, kreisend sich bewegen,
sich fast zärtlich auf sie legen.

Kommst du dann zu mir zum Küssen,
werd ich mich nicht schämen müssen.
Auch mein Atem ist erneuert,
»ganz astrein«, wie er beteuert.

Einfach um die Zeit zu nutzen,
sing ich gern beim Zähneputzen,
auch weil meiner Zähne Reihen
mir dies Singen gern verzeihen.

Putze ich sie drei Minuten,
gibt es niemals Zahnfleischbluten.

Schrub schrub schrub
schrub schrub schrub schrub
schrub schrub schrub
schrub schrub schrub schrub

Der Föhn

Ich bin der Föhn
und mache schön.

Aus meiner Gruft
kommt heiße Luft.

Nur nicht erschrocken,
ich mach Haar trocken.

Ich bin der Föhn
und mache STÖÖÖÖÖHN!

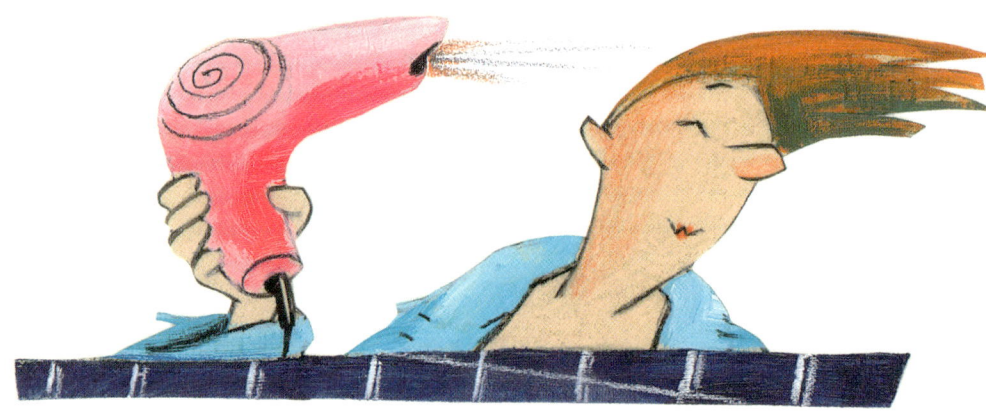

(Wie macht der Föhn? Genau, er bläst die Luft aus.
Spreche auch das Föhngedicht so, als würdest du
nur ausatmen. Luft holst du nach jeder zweiten Zeile.)

Das Ohrenfeuerwerk

Kinder waschen sich nicht gern die Ohren.
Zum Glück gibt es das Ohrenfeuerwerk.
Man wäscht sich die Ohren und hat trotzdem
Spaß dabei.
Man verteilt also wie üblich den Seifenschaum
in seinen Ohrmuscheln. Danach wäscht man ihn
nicht heraus, sondern wartet ab, was passiert.
Plötzlich geht es los. Die kleinen Seifenblasen,
gewohnt nach dem Ohrenbesuch gleich vom
Hausmeister, Herrn Waschlappen, entfernt zu werden,
machen sich Gedanken. Die Bläschen denken
dies und das und zerplatzen dabei. Durch die
Nähe zum Hörkanal hört sich das riesig an.
Platsch und Plitsch und Plitsch und Platsch.
Da sie direkt in den Ohren sitzen, denkt man,
was platscht und plitscht und plitscht und platscht
denn da so laut?
Es ist, als feierten die Ohren ein Waschfest,
an dessen Ende als Krönung ein Feuerwerk
gezündet wird. Zisch, Platsch, Brumm, Krach!
Ohrenwaschen ist keine Qual mehr.
Was sich so schön anhört, will man öfters hören.
Nach dem Ohrenfeuerwerk lässt man den
Seifenschaum vom Hausmeister, Herrn Waschlappen,
entfernen und freut sich auf das nächste Ohrenfest.

Wassermannlied

Wassermann Wassermann
Wassermann im Wasser kann
Fängt er dort zu singen an
Und das hört sich schaurig an

Blubberbam Blabberbam
Blibber Blobber Blubberbam
Blibber Blobber Blubberbam
Blabberbam bam!

Strohhalm ist im Wasser dann
Damit man dann blubbern kann
Blubberblasen blabbern dann
Und das hört sich schaurig an

(Sprecht das Lied laut in eine
Schüssel Wasser hinein.)

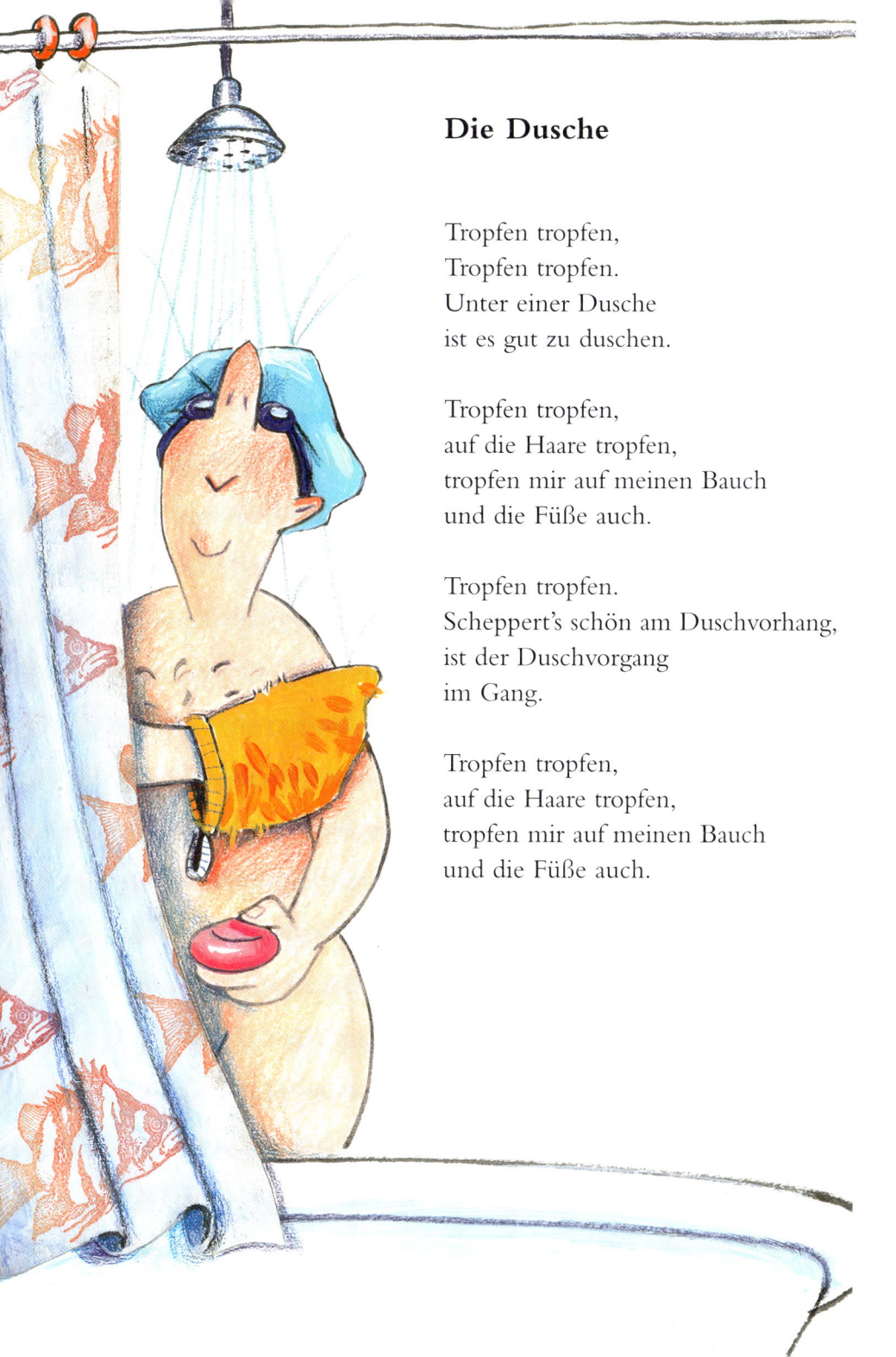

Die Dusche

Tropfen tropfen,
Tropfen tropfen.
Unter einer Dusche
ist es gut zu duschen.

Tropfen tropfen,
auf die Haare tropfen,
tropfen mir auf meinen Bauch
und die Füße auch.

Tropfen tropfen.
Scheppert's schön am Duschvorhang,
ist der Duschvorgang
im Gang.

Tropfen tropfen,
auf die Haare tropfen,
tropfen mir auf meinen Bauch
und die Füße auch.

Die Toilettenspülung

Ich bin die Toilettenspülung
und ich bring dem Hintern
Kühlung.

Komm von oben angebraust,
mit Karacho angesaust.

Und dann schlepp ich alles weg,
denn das ist mein Lebenszweck.

Und dann mach ich erst mal Pause
von dem ganzen Sausgebrause,

warte schließlich ganz entzückt,
bis jemand das Knöpfchen drückt.

Ich bin die Toilettenspülung
und ich bring dem Hintern
Kühlung.

Komm von oben angebraust,
mit Karacho angesaust.

Und dann schlepp ich alles weg,
denn das ist mein Lebenszweck.

(Dieses Gedicht sollte man sausend und brausend sprechen, als säße man auf dem Klo.
Witzig klingt es auch, wenn man auf einem Stuhl sitzt und beim Sprechen drückt und
quetscht, als säße man auf dem stillen Örtchen.)

Auf dem Lokus

Auf dem Lokus
steht ein Krokus
so im Wege,
dass man nur noch in der Schräge
und mit Winkeln
in den Lokus
pinkeln kann.

Fangen wir
Fangen wir
an.

Die Klopapierrolle

Die Klopapierrolle
rollt sich ab,
bis aufs letzte Blatt
herab.

Dann grüßt nur
die tolle,
wundervolle Bastelrolle.

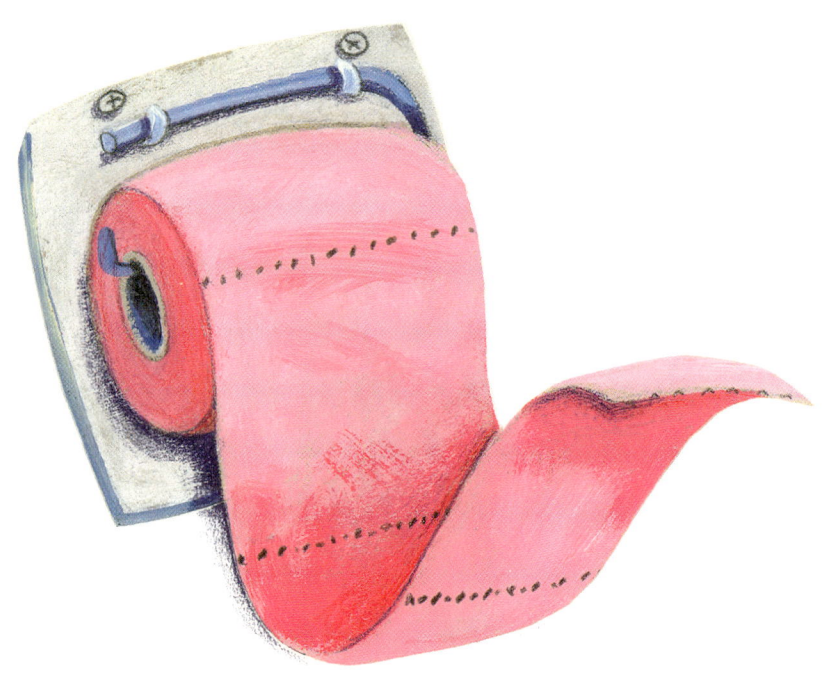

»Pssst, die Kleinen schlafen ...«
Einschlafgeschichten und Traumgedichte

Traumtapeten

Traumtapeten, Traumtapeten,
gebt mir bitte Traumtapeten
und Tapetenkleister,
Traumtapetenmeister.

Traumtapeten, Traumtapeten,
gebt mir bitte Traumtapeten
voll mit wilden Tieren,
will ich tapezieren.

Traumtapeten, Traumtapeten,
gebt mir bitte Traumtapeten
voll mit vielen Schafen,
dann kann ich gut schlafen.

Die Stille

Die Stille, die Stille,
die ist so ganz stille,
und hörst du sie schwach,
dann ist es schon Krach.

Die Stille, die Stille
macht nie killekille,
sie ist oft so still,
wie man es nicht will.

Die Stille, die Stille,
die ist so ganz stille.
Geflüster dabei
gilt schon als Geschrei.

Die Stille, die Stille
macht nie killekille.
Willst du sie vermehrn,
mach bloß keinen Lärm.

Pssst!

Der Schlafbewacher

Der Schlafbewacher
bewacht den Schlaf
von allen,
die gerne schlafen.

Der kleine Tobias Rehnhagen wird manchmal
geplagt von kleinen, bösen Träumen. Er träumt
dann, dass es in seinem Schlafzimmer gerade
dann anfängt zu regnen, wenn er am Einschlafen ist.
Hier hilft der Schlafbewacher. Der Schlafbewacher
bewacht nicht nur den Schlaf von Tobias Rehnhagen, sondern hält für alle Fälle noch einen
Regenschirm über den Schlafenden.

Oma Gersdorfer kann manchmal nicht
einschlafen, da sie kurz vor dem Träumen an
einen leckeren Wackelpeterpudding mit
Vanillesoße denken muss und so vor Hunger
kaum zum Schlafen kommt.
Hier hilft der Schlafbewacher. Der Schlafbewacher
bewacht nicht nur den Schlaf von Oma Gersdorfer, sondern kocht ihr vorher auch noch
einen leckeren Wackelpeterpudding mit
Vanillesoße.

Die kleine Constanze Egebracht schläft nicht
gerne ein, wenn nicht ab und zu sanfte
Geräusche das Schlafzimmer beleben.
Hier hilft der Schlafbewacher. Der Schlafbewacher
bewacht nicht nur den Schlaf der kleinen
Constanze Egebracht, sondern summt auch
manchmal für sie ein Lied und lässt alle drei
Stunden zwei wunderschöne Nachtfalter durch
das Zimmer flattern.

Manche Beamten schlafen gerne und lange
im Büro, gerade während der Arbeitszeiten.
Hier hilft der Schlafbewacher. Der Schlafbewacher
bewacht nicht nur den Schlaf von allen Beamten,
sondern pfeift auch kurz und schrill, wenn
sich der Chef den Schlafmützen
nähern sollte.

Eine der Hauptaufgaben ist es, die örtlichen
Blaskapellenvereine darin zu unterrichten,
wie man zur allgemeinen Schlafenszeit auch
leise Musik machen kann. Danach bewacht
der Schlafbewacher natürlich auch den Schlaf
der örtlichen Blaskapellenvereine.

Das ist ja alles ganz gut und schön, wer aber
bewacht den Schlaf vom Schlafbewacher?
Den Schlaf vom Schlafbewacher bewachen
Schlafbewacherschlafbewacher, ist doch klar.

Natürlich. Den Schlaf vom Schlafbewacher
bewachen Schlafbewacherschlafbewacher.
Ist doch klar.

»Laute Lacher, laute Kracher,
fort von hier vom Schlafbewacher –
laute Lacher, laute Kracher,
fort von hier vom Schlafbewacher.«

Einschlaftricks

Einschlaftrick Nr. 1

Mama singt mir ein Schlaflied vor.
Wirkt immer. Einschlaferfolg 100%.
Papa singt mir ein Schlaflied vor.
Wirkt nie. Papa kann nicht singen.

Einschlaftrick Nr. 2

Ich halte Papas oder Mamas Hand
und denke, sie ist eine Insel mit vielen Bergen.
Der Daumen ist der Piratenkapitän
und die anderen vier Finger sind seine
Schiffsmannschaft. Mit meinen Händen
suche ich die Insel ab und finde vor dem
Piratenkapitän den berühmten Schatz.
Der Schatz ist ein Goldring, den ich
so lange drehe, bis ich eingeschlafen bin.

Einschlaftrick Nr. 3

So lange flüstern, bis man müde wird:
Ich schlafe nicht
Ich schlafe nicht
Ich schlafe nicht
Ich schlafe nicht
Ich schlafe nicht
Ich schlafe nicht
Ich schlafe …

Einschlaftrick Nr. 4

Der Zaubereinschlafspruch,
der immer wirkt, heißt:
O zauberhafte große Nacht,
ich hab dich doch so gerne,
nimm mich in deine Arme sacht
und leuchte für mich Sterne.
Diesen Zaubereinschlafspruch
sagt man so oft, bis man eingeschlafen ist.

Einschlaftrick Nr. 5

Manchmal, wenn ich müde bin und trotzdem
nicht einschlafen kann, öffne ich das Fenster.
Dann höre ich draußen die Autos vorbeifahren
und jedes Auto bringt mich dem großen
Reich der Träume ein Stück näher:
Brumm! Ein Auto!
Brumm! Zwei Autos!
Brumm! Drei Autos!
Brumm! Vier Autos!
Brumm! Fünf Autos! …
Irgendwann ist man eingeschlafen und träumt,
dass man Weltmeister wird bei einem Autorennen.

Einschlaftrick Nr. 6

Manchmal, wenn ich überhaupt nicht schlafen kann,
denke ich mir neue Einschlaftricks aus. Meistens
werde ich davon so müde, dass ich sogar einschlafe,
wenn ich gar keine neuen Tricks gefunden habe.

Fliegt was durch die Luft

Fliegt was durch die Luft,
wird eine Fliege sein.
Fliegt was durch das All –
der Astronaut.
Fliegt der große Regen
auf die Kinderstadt.
Psst, die Kleinen schlafen,
nicht so laut.

Komm, mein Engel,
mach die tausend Kerzen an,
wo es hell ist,
seh ich dein Gesicht.
Komm, mein Engel,
mach die tausend Kerzen an,
wenn du schnell bist,
sei mein Morgenlicht.

Weckdienst in einem großen Hotel

Guten Morgen. Es ist 7 Uhr, Sie wollten geweckt werden.
Guten Morgen. Es ist 7 Uhr, Sie wollten geweckt werden.
Guten Morgen. Es ist 7 Uhr, Sie wollten geweckt werden.
Guten Morgen. Es ist 7 Uhr, Sie wollten geweckt werden.
Guten Morgen. Es ist 7 Uhr, Sie wollten geweckt werden.
Guten Morgen. Es ist 7 Uhr, Sie wollten geweckt werden.
Guten Morgen. Es ist 7 Uhr, Sie wollten geweckt werden.
Guten Morgen. Es ist 7 Uhr, Sie wollten geweckt werden.
Guten Morgen. Es ist 7 Uhr, Sie wollten geweckt werden.
Guten Morgen. Es ist 7 Uhr, Sie wollten geweckt werden.
Guten Morgen. Es ist 7 Uhr, Sie wollten geweckt werden.
Guten Morgen. Es ist 7 Uhr, Sie wollten geweckt werden.
Guten Morgen. Es ist 7 Uhr, Sie wollten geweckt werden.
Guten Morgen. Es ist 7 Uhr, Sie wollten geweckt werden.
Guten Morgen. Es ist 7 Uhr, Sie wollten geweckt werden.
Guten Morgen. Es ist 7 Uhr, Sie wollten geweckt werden.
Guten Morgen. Es ist 7 Uhr, Sie wollten geweckt werden.

Der freche Weckdienst

Guten Morgen. Es ist 7 Uhr, Sie wollten um 10 Uhr geweckt werden.
Guten Morgen. Wollten Sie geweckt werden? Es ist 7 Uhr.
Guten Morgen. Es ist 7 Uhr, Sie wollten um 5 Uhr geweckt werden.
Guten Morgen. Hatten Sie ein Taxi bestellt? Nicht! Aber es ist da.
Guten Morgen. Es ist 7 Uhr, könnten Sie sich vorstellen, wer aus unserem Hotel ein Taxi bestellt haben könnte?
Guten Morgen. Könnten Sie mir sagen, wie spät es ist?
Guten Morgen. Es ist 7 Uhr und ich hatte nichts zu tun. Ich dachte mir, ich wecke Sie, vielleicht könnten Sie mich wach halten. Ich fühle mich so müde.
Guten Morgen. Es ist 7 Uhr, Sie wollten auf gar keinen Fall vor 11 Uhr geweckt werden.
Guten Morgen. Ich habe nun Feierabend und wollte wissen, ob ich Sie noch wecken soll?

Wie man auf leisen Sohlen geht

Räume alle Quietsche-Enten, Brummkreisel, Schellen-
kränze und andere Krachmacher beiseite. Ziehe die
schweren Straßenschuhe aus. Klapperschuhe aus Holz,
Quietscheschuhe aus Gummi machen zu viel Lärm –
ausziehen! Schlüpfe in bequeme Hausschuhe und Pantoffeln.
Natürlich kann man auch in Strümpfen losziehen.
Stinkefüße und Schweißmauken stören nicht beim Leisegehen. Löcher in den Strümpfen auch nicht. Manchmal
summt man beim Leisegehen laut mit. Pscht. Das stört.
Wichtig ist, dass man leise und fast schwebend einen Raum
betritt. Stelle dir vor, du kämst von oben angeschwebt
und berührtest zum ersten Mal den Erdboden. Lande
auf deinen Zehen. Alles ist leicht und möglich. Nichts
hält dich mehr auf dem Boden. Denk an Zuckerwatte
und Wattebäuschchen, Wolkenbett und Traumfliegerei.
Spürst du, wie die Füße nach vorne wollen? Geh einfach mit.
Geh einfach los. Geh auf leisen Sohlen. Niemand hört dich.
Es ist wie ein Gehen im Traum. Wir schweben von einem
Traum in den nächsten.

Eine Warnung an alle Autofahrer

Achtung, Achtung.
Auf der Bundesstraße 1
in Richtung Soest nach Paderborn
kommen Ihnen auf der linken Fahrspur
37 Elefanten,
3 Seehunde,
12 Pferde,
4 Löwen,
3 Clowns
und ein Zirkusdirektor entgegen.

Fahren Sie äußerst rechts
und warnen Sie den entgegenkommenden Zirkus
durch deutliche Lichtsignale.

Große Ferien

Wenn einer eine Reise tut,
dann kann er was erleben,
da packt ihn manchmal schon die Wut
in Bremen oder Theben.
In Bremen ist es ihm zu kalt,
in Theben stört die Hitze.
Hier stört das Grün im grünen Wald,
dort stört am Zug die Spitze.
Ach nenn den Urlaub Uhrlaub,
die Zeit geht auch vorbei.
Bald sitzt du wieder schön zu Haus
und hast vom Urlaub frei.

Entwarnung

Achtung, Achtung.
Die Gefahr durch den Ihnen
entgegenkommenden Zirkus
ist gebannt.

Er hat sein Zelt
auf dem Schlossplatz
aufgeschlagen.

Die erste Vorstellung
beginnt heute um
14.00 Uhr.

Wir wünschen Ihnen
viel Spaß beim Zusehen.

Das kaputte Auto

Jetzt schieben wir das Auto an,
gleich springt es an, gleich springt es an,
hau ruck, hau ruck, hau ruck, hau ruck!
Noch mal!

Jetzt schieben wir das Auto an,
gleich springt es an, gleich springt es an,
hau ruck, hau ruck, hau ruck, hau ruck!
Noch mal!

Jetzt schieben wir das Auto an,
gleich springt es an, gleich springt es an,
hau ruck, hau ruck, hau ruck, hau ruck!
Noch mal!

Das blöde Auto springt nicht an
und fährt nicht auf die Autobahn,
das blöde Auto springt nicht an,
drum fahrn wir mit der Eisenbahn.
Sch sch sch sch sch sch!

Die Idee

Pauli wollte zu Sievers. Sievers hatten einen großen Laden, in dem es Schnuckersachen und Zeitungen zu kaufen gab. Pauli nahm ihren Roller und fuhr los. Zuerst traf sie Kevin, der gerade auf dem Bürgersteig eine Stadt mit vielen Häusern malte.

»Wohin willst du denn?«, fragte Kevin.

»Ich will zu Sievers«, sagte Pauli, »ich möchte mir dort Schnuckersachen holen.«

»Hast du denn Geld dabei?«, fragte Kevin, der schon ein wenig größer war als Pauli und wusste, dass man ohne Geld keine Schnuckersachen holen konnte.

»Nein«, sagte Pauli, »aber ich habe eine Idee.«

»Eine Idee ist immer gut«, sagte Kevin, »ich komme mit.«

Pauli und Kevin machten sich auf den Weg. Sie überquerten gerade den Goldregenweg, als sie Dennis trafen.

»Wohin wollt ihr denn?«, fragte Dennis.

»Wir wollen zu Sievers«, sagte Kevin, »wir wollen uns Schnuckersachen holen!«

»Habt ihr denn Geld dabei?«, fragte Dennis, der auch Hunger auf Schnuckis hatte.

»Nein«, sagte Pauli, »aber ich habe eine Idee!«

»Eine Idee ist immer gut«, lachte Dennis, »dann komm ich mit.«

Pauli, Kevin und Dennis machten sich auf den Weg. Sie kamen am türkischen Gemüsemarkt vorbei, als sie Marco trafen, der dort unter einem Baum am Nüssesammeln war.

»Wo wollt ihr denn hin?«, fragte Marco.

»Wir wollen zu Sievers«, sagte Dennis, »wir wollen Schnuckersachen holen.«

»Habt ihr denn Geld dabei?«, fragte Marco.

»Nein«, sagte Pauli und klingelte an der Klingel ihres Rollers, »aber ich habe eine Idee.«

»Eine Idee ist immer gut«, sagte Marco, »ich komme mit.«

Endlich standen sie im Markant-Markt der Familie Sievers. Frau Sievers saß an der Kasse und tippte gerade die Waren einer Kundin ein.

Pauli stellte ihren Roller ab und ging mit Kevin, Dennis und Marco in den Laden.

Direkt gegenüber der Kasse von Frau Sievers waren die Regale mit den Schnuckersachen. Bunt und lecker standen die Süßigkeiten vor ihnen und waren zum Greifen nahe.

»Wo ist denn nun deine Idee?«, fragte Kevin.

Pauli lachte die drei an und flüsterte: »Passt auf, Jungs. Ihr müsst ganz einfach an etwas Trauriges denken.«

»Warum sollen wir denn an etwas Trauriges denken?«, fragte Marco und bohrte in der Nase.

»Ganz einfach«, sagte Pauli. »Wenn wir alle drei aus der Wäsche gucken wie drei Tage Regenwetter, dann werden wir bestimmt Frau Sievers' Herz erweichen.« Das war eine gute Idee. Sie wollten das Herz von Frau Sievers erweichen. Alle vier dachten an etwas Trauriges. Pauli dachte daran, wie sie mal ein Eis fallen gelassen hatte und man es nicht mehr lecken konnte. Kevin dachte an sein Fahrrad, mit dem er gerade nicht fahren konnte, weil es einen Platten hatte. Dennis dachte daran, dass er heute noch sein Kinderzimmer aufräumen musste, und Marco dachte einfach daran, dass ihm nichts Trauriges einfiel, und das machte ihn auch ganz traurig. So standen die vier vor der Kasse von Frau Sievers und sahen aus wie vier Häufchen Elend.

»Das kann man ja nicht mit ansehen«, sagte Frau Sievers. Der Anblick der

Schnuckerbande hatte ihr Herz erweicht wie einen Schokotaler in der warmen Faust. Lachend drückte sie allen einen Fruchtlutscher in die Hand.

»Danke«, sagten die vier und sahen plötzlich überhaupt nicht mehr traurig aus.

»Das nächste Mal lasst euch aber etwas anderes einfallen«, lachte Frau Sievers immer noch und wandte sich dann wieder ihren Kunden zu.

Die Kinder nickten und liefen aus dem Markant-Markt. Pauli schnappte sich ihren Roller und die drei Jungs liefen fröhlich hinter ihr den Engernweg hinunter.

»Und was machen wir nun?«, fragte Kevin.

»Jetzt gehen wir zu VW-Thiel und holen uns ein Auto«, sagte Pauli.

»Ein richtiges großes Auto?«, fragte Dennis ungläubig.

»Natürlich«, sagte Pauli, »es muss schon ein richtig großes Auto sein, sonst passen wir doch nicht alle rein.«

»Aber wir haben doch kein Geld«, sagte Marco.

»Das ist richtig«, sagte Pauli, »aber ich habe eine Idee.«

»Deine Ideen sind immer gut«, sagten Kevin, Dennis und Marco, »wir kommen mit.«

»Also gut«, sagte Pauli und leckte an ihrem Lutscher, »aber übt schon mal. Um ein Auto zu kriegen, muss man an etwas ganz, ganz Trauriges denken.«

»Ich kenne was ganz, ganz Trauriges«, sagte Marco, »mein Lutscher ist gleich alle.«

Die Schnuckerbande schaute sich an, dann lachten alle.

An der Bushaltestelle

Wann kommt der Bus,
wann kommt der Bus
zur BusBushaltestelle?
Wer stoppt den Bus,
wer stoppt den Bus
mit seiner Haltekelle?

Wir stehen hier, wir stehen hier
schon hunderttausend Stunden.
Wo bleibt der Bus,
wo bleibt der Bus,
wo dreht er seine Runden?

Wir schauen links,
wir schauen rechts,
der Bus ist nicht zu sehen.
Dann regnet's mal,
dann schneit es mal,
es muss etwas geschehen.

Wann kommt der Bus,
wann kommt der Bus
zur BusBushaltestelle?
Wer stoppt den Bus,
wer stoppt den Bus
mit seiner Haltekelle?

Wir stehen hier, wir stehen hier
schon hunderttausend Stunden.
Wo bleibt der Bus,
wo bleibt der Bus,
wo bleibt der Bus verschwunden?

Ein Kind ist schlau,
noch eins ist schlau
und beide spielen schlau Mau-Mau.
Dort tanzen zwei,
dort tanzen zwei,
dort spielen Männer Modenschau.

Ein kleines Fest,
ein Freudenfest,
dir geb ich einen Kuss.
Es ist grad schön,
die Sonne strahlt,
da kommt der blöde Bus.

Dort kommt der Bus,
dort kommt der Bus
zur BusBushaltestelle.
Wer stoppt den Bus,
wer stoppt den Bus
mit seiner Haltekelle?

Wolken und Sterne

Es ist so schön, zu Fuß zu gehn,
wenn über uns die Wolken stehn.
Wir zählen sie von eins bis zehn,
wenn wir nach Hause gehn.

Und eins
und zwei
und drei
und vier
und fünf
und sechs
und sieben
und acht
und neun
und zehn.

Und einmal drehn,
auf Spitzen stehn,
auf Fersen stehn
und noch mal drehn.
Nach oben sehn,
nach unten sehn
und weitergehn.

Es ist so schön, zu Fuß zu gehn,
wenn über uns die Sterne stehn.
Wir zählen sie von eins bis zehn,
wenn wir nach Hause gehn.

Und eins
und zwei
und drei
und vier
und fünf
und sechs
und sieben
und acht
und neun
und zehn.

Und einmal drehn,
auf Spitzen stehn,
auf Fersen stehn
und noch mal drehn.
Nach oben sehn,
nach unten sehn
und weitergehn.

(Dieses Lied verkürzt den längsten
Fußmarsch und bringt einen,
schwuppdiwupp, wohin man will.)

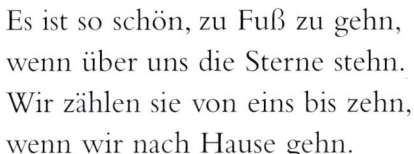
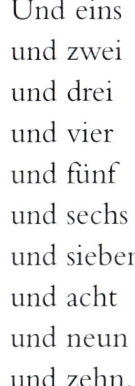

Die Müllabfuhr

Die Müllabfuhr
den Müll abfährt.
Was man hier
über Müll erfährt,
ist ziemlich abgefahren –
das kann man sich ersparen.

Rutschlied

Rutsche rutschen
runter flutschen
und danach ein
Bonbon lutschen –

Ich komme!

Auf der Wippe

Rauf und runter,
Maus und munter.
Wippe, wippe,
halt, ich kippe.

Rauf und runter,
Maus und munter.
Ich werd groß
und du wirst kleiner.
Ich heiß Ruth
und du heißt Rainer.

Rauf und runter,
Maus und munter.
Wippe, wippe,
halt, ich kippe!

Rauf und runter,
Maus und munter.
Mach ich bautsch,
dann schrei ich Autsch.
Mach ich bautsch,
dann schrei ich Autsch!

(Beim Wippen kann man sich leicht und schwer machen.
Der Elefant und die Maus können nur zusammen wippen,
weil der Elefant sich zurücknimmt und die kleine Maus ganz dicke tut.)

Der Doppelgruß

Heute hatte Herr Helsinki Glück.

Er kam gerade vom Zahnarzt, als ihm sein Bekannter Herr Quark entgegenkam. Herr Helsinki wollte gerade den Hut ziehen, als er auf der anderen Straßenseite seine Nachbarin Frau Sonne erblickte.

Herr Helsinki erkannte gleich die einmalige Gelegenheit. Hier war die Chance, mit einem einfachen Doppelgruß zwei Fliegen mit einer Klappe zu schlagen. Er reagierte sofort. Er zog seinen Hut und rief ganz laut: »Seid gegrüßet nah und ferne, wisset auch, ich hab euch gerne!«

Sofort grüßten sein Bekannter Herr Quark von vorne und Frau Sonne von der Seite freudig zurück.

Herr Helsinki war stolz. Er hatte es geschafft! Er hatte mit einem einfachen Doppelgruß gleichzeitig seinen Bekannten Herrn Quark vor ihm und Frau Sonne auf der Straßenseite gegenüber gegrüßt. ›Wie gut, dass es den Doppelgruß gibt‹, dachte Herr Helsinki, ›mit einem einfachen Doppelgruß wird man zweimal zurückgegrüßt und fühlt sich wie ein sehr beliebter Mensch. Mehr kann man nicht verlangen.‹

Die Auf-Wiedersehen-Straße

In jeder Stadt gibt es eine Auf-Wiedersehen-Straße. Frauen mit
Taschentüchern hängen in den Fenstern und winken zur Reise.
Wie aufsteigende Schwäne flattern die weißen Tücher in die Luft.
Eine kleine Blaskapelle spielt für die Gehenden und leitet sie mit
Rumtata und Tschinderä aus der Stadt: »Auf Wiedersehen, es war so
schön, du bist bei uns stets gern gesehn, und komm ich mal in deine
Stadt, dann wär ich gern dein Ehrengast.«
Kinder stehen in den halb geöffneten Türen und winken mit kleinen
Patschhändchen wie Turmfähnchen.
Ein Trauriger, geübt im Weinen, klagt zum Steinerweichen und bittet:
»Ade, vergiss uns nicht und komm bald wieder.«
Zum Schluss wird umarmt und geküsst, dass es nur so schmatzt und
seufzt wie in einem Liebesfilm.
»Auf Wiedersehen, es war so schön, du bist bei uns stets gern gesehn,
und komm ich mal in deine Stadt, dann wär ich gern dein Ehrengast.«
Die Auf-Wiedersehen-Straße liegt in jeder Stadt am Ortsausgang, also
dort, wo man entlangmuss, um aus einer Stadt zu gehen. Ein Abschied
muss nicht immer traurig sein, wenn man weiß, dass man wiederkommen
darf. Der schönste Abschied ist immer der, bei dem einer zurückbleibt
und winkt.

Und tschüs.

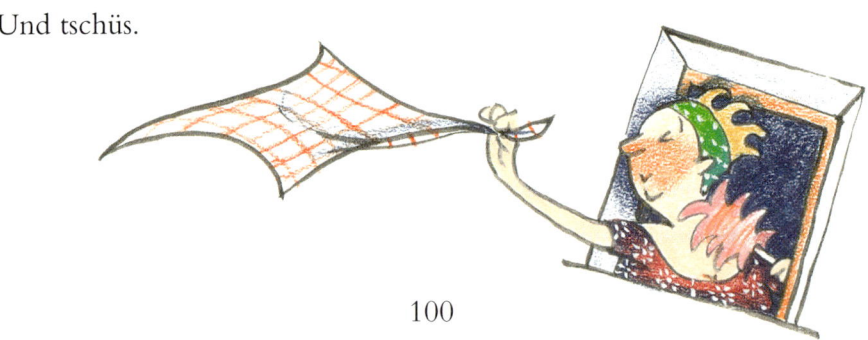

Über Enten

Enten
sind im Herbst
sehr schön
und am
Sonntag.

Enten
sind überhaupt
sehr schön –
besonders im Herbst
aber auch
am
Sonntag.

Die Weltveränderung

Herr Helsinki war es gewohnt, jeden Tag um vier Uhr eine
Banane zu essen. Er setzte sich an seinen Küchentisch, nahm eine
Banane aus der Bananenschüssel, befreite sie von ihrer Bananenschale
und biss in ihre Spitze. »O du Banane«, rief er dann, »wie weich bist
du, wie gelb ist deine Schale.«
Dann biss er noch ein Stückchen ab und rief wieder mit vollem
Munde: »O du Banane, wenn es dich nicht geben würde, wäre
mein Leben nicht so bunt und ich noch immer hungrig.«
Eines Tages, Herr Helsinki saß wieder an seinem Küchentisch,
nahm er eine Banane aus der Bananenschüssel, befreite sie von
ihrer Schale, biss ihre Spitze ab und rief schon: »O du Banane,
wie weich bist du, wie gelb ist deine Schale«, als ihm ein

schrecklicher Gedanke kam. Oje, dachte er, jetzt sitze ich schon
seit fünfzig Jahren an meinem Küchentisch und esse Bananen,
wahrscheinlich werde ich auch noch in fünfzig Jahren an
diesem Tisch sitzen und Bananen essen, und wenn ich nicht
aufpasse, werden mir vielleicht irgendwann keine Bananen
mehr schmecken. Und was mache ich dann?
Herr Helsinki beschloss sein Leben zu ändern. Pünktlich um
vier saß er am nächsten Tag an seinem Küchentisch und wagte
etwas Neues. Die Welt ist groß und vielfältig, dachte er.
Ich werde schon etwas finden, was mich glücklich macht.
Mutig nahm er eine Apfelsine aus der Apfelsinenschüssel,
befreite sie von ihrer Apfelsinenschale und biss in ein
Apfelsinenstückchen hinein: »O du Apfelsine, wie spritzig
bist du, wie orange ist deine Schale.« Dann biss er in ein anderes
Stückchen und rief wieder mit vollem Munde: »O du Apfelsine,
wenn es dich nicht geben würde, wäre mein Leben nicht so bunt
und ich noch immer hungrig.«
Es hatte geklappt, Herr Helsinki war zufrieden. Ja, dachte er, es
macht Spaß, sein Leben zu verändern, und dann biss er so lange
in seine Apfelsine, bis er genauso aussah wie sie.

Der Tigerstuhl

Wenn ich mal richtig wütend bin, dann schnappe ich mir einen
Tigerstuhl und laufe wild um ihn herum.

Mein Tigerstuhl heißt nicht nur Tigerstuhl, der sieht auch aus
wie ein Tigerstuhl. Er ist gelb-schwarz gestreift und ziemlich
wild. Er ist sogar so wild, dass ich es gar nicht abwarten kann,
mich auf ihn zu setzen, wenn ich mal richtig wütend bin.

Wenn ich mal richtig wütend bin, dann schleiche ich wütend
um meinen Tigerstuhl und flüstere: »Na, du Tigerstuhl, was
tanzt du wohl, wenn ich mich auf dich setze? Rock 'n' Roll?«
Und plötzlich, wenn er am wenigsten damit rechnet, nehme
ich Platz.

Und hopp! und hepp! macht er auf wild. Er springt herum,
er bäumt sich auf und versucht mich abzuwerfen. Ich sage
»Ho!« und sage »Hü!«, als wäre er ein Pferd und nicht gezähmt.
Das geht so lange, bis er müde wird und mich ganz ruhig
sitzen lässt.

Und plötzlich merke ich, dass meine Wut verflogen ist und seine
auch. Manchmal schauen wir uns danach einen Cowboyfilm im
Fernsehen an.

Der Kaktus

Piek und Piek
und Au und Ah
heißt des Kaktus
spitzes Haar.

Triffst du mal
die Stachelsau,
macht es Piek
und Ah und Au.

Wer auf Kaktus-
Berge stieg,
kennt das Ah
und Au und Piek.

Das Knautsch- und Knutschkissen

Manchmal ist man so wütend, da könnte man um sich schlagen und treten, kneifen, kratzen, was das Zeug hält. Zum Glück gibt es das Knautsch- und Knutschkissen.
Wenn man mal so wütend ist, dass man dabei um sich schlagen könnte und treten, kneifen, kratzen, was das Zeug hält, dann holt man das Knautsch- und Knutschkissen. Dieses Knautsch- und Knutschkissen kann man schlagen wie einen Boxsack, treten, kneifen, kratzen, was das Zeug hält, und knautschen wie Knetmasse, bis es einem besser geht. Nach dem Knautschen kann man das Kissen auch knutschen, was dann sehr gut tut und auch das Kissen freut, wenn es ein Herz hat.

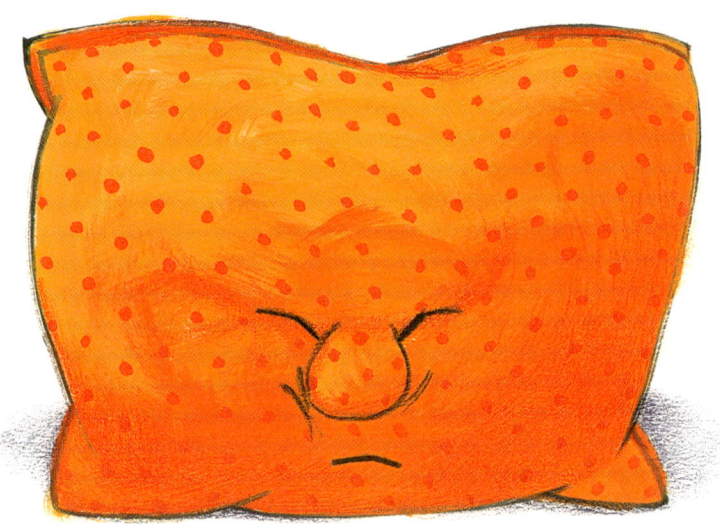

Der Fußabstreifermattentwist

Auf meiner
Fußabstreifermatte,
wischelwim, wischelwum,
stand einmal
eine satte Ratte
wischelwim, wischelwum.

Sie hatte
flinke Rattenfüße,
wischelwim, wischelwum,
und streifte
sie schnell ab, die Süße,
wischelwim, wischelwum.

Spaß machen
Fußabstreifermatten,
wischelwim, wischelwum,
nur allen
Fußabstreiferratten,
wischelwim, wischelwum.

Die tanzen
so doch, wie ihr wisst,
wischelwim, wischelwum,
den Fußabstreiferrattenmattentwist,
wischelwim, wischelwum.

Waschmaschinen

Waschmaschinen
Waschmaschinen
Waschmaschinen: Schleudergang
Immer schneller
Immer schneller
Immer schneller: Hier geht's lang!

(Sprich dieses Gedicht immer schneller,
bis die Wäsche geschleudert ist.)

Vier Uhr Kuckucksuhr

Ticke Tacke Hühnerkacke
Ticke Tacke Hühnerkacke
Ticke Tacke Hühnerkacke
Ticke Tacke Hühnerkacke

Ticke Tacke Hühnerkacke
Ticke Tacke Hühnerkacke
Ticke Tacke Hühnerkacke
Ticke Tacke Hühnerkacke

Kuckuck!
Kuckuck!
Kuckuck!
Kuckuck!

Es ist vier Uhr!

Hauchgedicht

H H H H
Hauch ich meinen Atem
an die Fensterscheiben
H H H H
um in meinen Atem
was hineinzuschreiben

H H H H
Hubert, Herbert, Hannelore
Olga und Beate
Coca Cola, Maoam
Uhu und Colgate

H H H H
Hauch ich meinen Atem
an die Seitenfenster
H H H H
mal in meinen Atem
Geister und Gespenster

H H H H
Dracula und Frankenstein
wilde Drachentiere
Hexen, Feen, Kobolde
Zwerge und Vampire

H H H H
Hauch um Hauch hauch
H H H H
Hauch um Hauch hauch

Liegestützen

Eine Liegestütze
Zwei Liegestützen
Drei Liegestützen
Vier Liegestützen

Fünf Liegestützen
Sechs Liegestützen
Acht Liegestützen
Eh, gemogelt!

Also gut:
Sieben Liegestützen
Acht Liegestützen
Neun Liegestützen

Zeeehn Liegeschützen
Eeeelf Liegepfützen
Zwöölf Liegenbleiben
Liegenbleiben, ganz bescheiden
Liegenbleiben, ganz bescheiden

(Stell dir beim Sprechen des Gedichtes vor,
du würdest tatsächlich Sport treiben.
Die ersten Liegestützen fallen dir noch leicht,
dann wird es immer schwerer,
bis du am Schluss völlig k. o. aufgibst.)

Das unendliche Kussgedicht

Pauline kriegt noch einen Kuss,
dann ist Schluss –

Dann schaut sie mich wieder an,
dass ich nicht mehr anders kann:

Pauline kriegt noch einen Kuss,
dann ist Schluss –

Dann schaut sie mich wieder an,
dass ich nicht mehr anders kann:

Pauline kriegt noch einen Kuss,
dann ist Schluss –

Dann schaut sie mich wieder an,
dass ich nicht mehr anders kann:

Pauline kriegt noch einen Kuss,
dann ist Schluss ...

»Lufffftballon! ...«
Lärmgedichte und Mitmachgeschichten

Luftballon

Luftballon
Lufftballon
Luffftballon
Lufffftballon
Luffffftballon
Lufffffftballon
Luffffffftballon
Lufffffffftballon

PENG!

117

Das Herz

Herz Herz Herz
Herz Herz Herz
Herz Herz Herz
Herz Herz Herz

Herz Herz Herz
Herz Herz Herz
Herz Herz Herz
Herz Herz Herz

Herz Herz Herz
Herz Herz Herz
Herz Herz Herz
Herz Herz Herz

(Fühle dein Herz und sprich die erste Strophe so, wie dein Herz schlägt. Die zweite Strophe sprich aufgeregt und unruhig, so als hättest du vor etwas Angst. Die letzte Strophe versuch langsam und ruhig zu sprechen, so als wollte das Herz aufhören zu schlagen.)

Der Parkplatz

Auf dem Parkplatz steht

AutoanAutoanAutoanAutoanAutoanAutoanAutoanAutoanAutoan
AutoanAutoanAutoanAutoanAutoanAutoanAutoanAutoanAutoan
AutoanAutoanAutoanAutoanAutoanAutoanAutoanAutoanAutoan
AutoanAutoanAutoanAutoanAutoanAutoanAutoanAutoanAutoan
AutoanAutoanAutoanAutoanAutoanAutoanAutoanAutoanAutoan
AutoanAutoanAutoanAutoanAutoanAutoanAutoanAutoanAutoan
AutoanAutoanAutoanAutoanAutoanAutoanAutoanAutoanAutoan
AutoanAutoanAutoanAutoanAutoanAutoanAutoanAutoanAutoan
AutoanAutoanAutoanAutoanAutoanAutoanAutoanAutoanAutoan
AutoanAutoanAutoanAutoanAutoanAutoanAutoanAutoanAutoan
AutoanAutoanAutoanAutoanAutoanAutoanAutoanAutoanAutoan
AutoanAutoanAutoanAutoanAutoanAutoanAutoanAutoanAutoan
AutoanAutoanAutoanAutoanAutoanAutoanAutoanAutoanAutoan
AutoanAutoanAutoanAutoanAutoanAutoanAutoanAutoanAutoan
AutoanAutoanAutoanAutoanAutoanAutoanAutoanAutoanAutoan
AutoanAutoanAutoanAutoanAutoanAutoanAutoanAutoanAutoan
AutoanAutoanAutoanAutoanAutoanAutoanAutoanAutoanAutoan

Ist halt ein Parkplatz –
Kann man keine Wunder erwarten!

(Sprecht dieses Gedicht gemeinsam. Stellt euch weit auseinander, um dann
beim Sprechen wie Autos auf einem Parkplatz zusammenzukommen.
Es gibt auch Fahrrad- und Dampfwalzenparkplätze. Versuche auch diese
besonderen Parkplätze zu sprechen und vorzuspielen.)

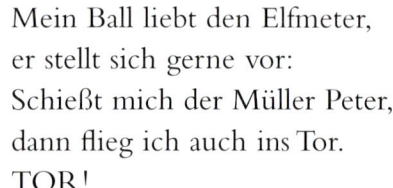

Der Ball

Der Ball ist dreckig,
auch mal fleckig,
auch mal speckig,
nie viereckig.

Der Ball ist rund,
ja und, ja und?
Der Ball ist rund,
ja und, ja und?
Sonst würde er vom Rollen wund.
Na und?
Na und?

Mein Ball hat keine Ecken,
er rollt in jedem Fall,
doch fliegt er über Hecken,
dann gibt es 'nen Eckball.

Der Ball ist rund,
ja und, ja und?
Der Ball ist rund,
ja und, ja und?

Mein Ball liebt den Elfmeter,
er stellt sich gerne vor:
Schießt mich der Müller Peter,
dann flieg ich auch ins Tor.
TOR!

Der Ball ist rund,
ja und, ja und?
Der Ball ist rund,
ja und, ja und?
Sonst würde er vom Rollen wund.
Na und?
Na und?

(Lasse dazu einen Ball auf dem Boden
herumhüpfen.)

Der Currywurst-schneider

Stück für Stück
Currywurst
Ketchup, Ketchup

Stück für Stück
Currywurst
Ketchup, Ketchup

Stück für Stück
Currywurst
Ketchup, Ketchup

(Sprich das Gedicht rhythmisch,
so dass es wie der Currywurstschneider
in der Pommesbude klingt.)

Die Lokomotive

Lo ko mo tschi ve
Lo ko mo tschi ve
Lo ko mo tschi ve
Lo ko mo tschi ve
Lo ko mo tschi ve
Lo ko mo tschi ve
Lo ko mo tschi ve
Lo ko mo tschi ve
Lo ko mo tschi ve
Lo ko mo tschi ve
Lo ko mo tschi ve
Lo ko mo tschi ve
Lo ko mo tschi ve
Lo ko mo tschi ve
tsch tsch tsch tsch tsch!

(Die Lokomotive steht am Anfang des Gedichts noch im Bahnhof. Langsam fährt sie an und wird dann immer schneller. Sprich auch das Gedicht erst ganz langsam und steigere nach und nach das Tempo.)

Der kaputte Scheibenwischer

SCHEIBEN *wischer* SCHEIBEN *wischer*
SCHEIBEN *wischer* SCHEIBEN *wischer*

SCHEIBEN *wischer* SCHEIBEN *wischer*
SCHEIBEN *wischer* SCHEIBEN *wischer*

(Dieses Gedicht kann man zu zweit sprechen.
Stellt euch nebeneinander und bewegt euch
langsam hin und her wie ein Scheibenwischerpaar.
Da der Scheibenwischer aber kaputt ist, solltet ihr
»Scheiben« ganz normal sprechen, den *»wischer«*
aber einatmend und leicht schabend vom Stapel
lassen, als wäre das Scheibenwischergummi
verbraucht und porös.)

Der Feuerlöscher

Feuer-
lösch
sch
sch
sch
sch
sch
sch

leer!

₃edicht

Ist heiß mein Kopf,
kocht mir das Blut,
kommt meine Wut,
kommt meine Wut.

Zank ich mit Knut,
schimpf ich mit Ruth,
kommt meine Wut,
kommt meine Wut.

Geht's mir zu schlecht,
geht's mir zu gut,
kommt meine Wut,
kommt meine Wut.

Wut geht vorbei,
wenn ich laut schrei.
Drum schrei ich: Gut,
geh fort, du Wut!

Die Luftmatratze

Luftma-
Lufttra-
Luftma-
Lufttra-
Luftma-
Lufttra-
Luftmatratze erste Kammer
Luftma-
Lufttra-
Luftma-
Lufttra-
Luftma-
Lufttra-
Luftmatratze zweite Kammer
Luftma-
Lufttra-
Luftma-
Lufttra-
Luftma-
Lufttra-
Luftmatratze fertich samma!

(Sprich es so,
als würdest
du die Luft-
matratze gerade
aufpusten.)

Der verklemmte Reißverschluss

Mist
Immer klemmt mein
Reißver
      reißver
Reißver
      reißver
Reißver
      reißver
   Schluss!

Mist
Immer klemmt mein
Reißver
      reißver
Reißver
      reißver
Reißver
      reißver
   Schluss!

(Sprich diesen Text, als würdest du gerade an einem Reißverschluss ziehen, der sich dabei dauernd verklemmt. Wer das »r« rollen kann, sollte es dabei rollen lassen.)

Der Staubsauger

Ich bin der Staubsauger,
habe Hunger, heiße
Öööööööööööööööh!

Fusseln, Pusseln, Staub und Haare
sind für mich genau das Wahre.

Alles mach ich wieder rein,
saug ich schnell in mich hinein.

So als wär es Katzendreck,
macht's Miau und ist dann weg.

(Sprich dieses Gedicht mal so, als wärest du der
Staubsauger und saugtest alles in dich hinein.
Atme also die Wörter ein. Wahrscheinlich wird
dies sehr lustig klingen.)

Ich bin der Staubsauger,
habe Hunger, heiße
Öööööööööööööööh!

Soll ein Staubsauger was taugen,
muss er saugen, saugen, saugen.
Ich bin der Staubsauger,
habe Hunger, heiße
Öööööööööööööööh!

Der Wettlauf zwischen Hase und Igel

Kurzfassung

Beim Wettlauf zwischen Hase und Igel
gewann den Schokoladenriegel
der ... Igel

Beim Wettlauf zwischen Hase und Igel
gewann den Schokoladenriegel
der ... Igel

Beim Wettlauf zwischen Hase und Igel
gewann den Schokoladenriegel
der ... Igel

(Sprecht dieses Gedicht zu zweit. Einer ist der Hase,
der andere der Igel. Der Hase spricht das Gedicht
langsamer als der Igel, deswegen gewinnt immer der Igel.
Wenn ihr wollt, kann der Igel den Hasen auch so
ablenken, dass der Hase seinen Text vergisst und deshalb
der Igel gewinnt.)

»Vor lauter Bäumen ...«
Luftgeschichten und Erdgedichte

Morgengebet

Es war dunkel
es wird hell

Es wird heller
es wird noch heller

Es wird noch heller
es wird noch heller
es wird noch heller
es wird noch heller

Es wird noch heller
es wird noch heller
es wird noch heller
es wird noch heller

Es wird Tag

Ameisenstraße

(Ein Gedicht mit vielen **A**'s)

Eine **A**meise n**a**ch der **a**ndern
ist **a**m Hintern**a**nderw**a**ndern.
Wenn sie einen **A**st umkreisen,
sind **A**meisen **a**m Verreisen.

Wie **a**uf einer **A**utobahn
stoßen, rempeln sie sich **a**n.
Alle kr**a**bbeln hin und her,
kreuz und quer, wie im Verkehr.

Also frag ich: »Frau **A**meise,
w**a**s ist Sinn und Zweck der Reise?«
Die **A**meise hebt ihr Kinn:
»Frag doch meine Nachbarin.«

Also frag ich **a**uch die **a**ndern,
wohin sie denn heute w**a**ndern.
Alle brummen vor sich hin:
»Frag doch meine Nachbarin.«

Eine **A**meise nach der **a**ndern
ist **a**m Hintern**a**nderw**a**ndern.
Wenn sie einen **A**st umkreisen,
sind **A**meisen **a**m Verreisen.

Und zum Schluss der l**a**ngen Reise
enden sie **a**ls Mitt**a**gsspeise
in dem Schn**a**bel einer Meise,
einer Meise ohne **A** –
die m**a**chte: »**A**aaah!«

Eine **A**meise n**a**ch der **a**ndern
war **a**m Hintern**a**nderw**a**ndern.
Wollt ihr einen **A**st umkreisen –
p**a**sst gut **a**uf beim **A**stumreisen!

Fliegenungeheuer

Wenn es im Walde
so brummelt
und summelt,

schließe ich immer
den Mund,

damit keines
der Fliegenungeheuer

sich dorthin verirren
kann, wo es nicht mehr
rauskommt.

(Dieses Gedicht wird mit fast
geschlossenem Mund gesprochen.)

Luft

Mit dieser
Seite
kann man
sich bei
heißem Wetter
Luft zufächeln.

Meisenknödel

Draußen lag Schnee und die Vögel hungerten.
Frau Sandmann hatte Meisenknödel gekauft und
hängte sie vor dem Fenster an einem Faden auf.
»Was sind denn Meisenknödel?«, fragte Billi.
»Meisenknödel sind leckere Winterknödel für Meisen«,
sagte Frau Sandmann und schloss schnell das Fenster.
Es war kalt geworden und sie rieb sich ihre Hände.
»Ich möchte auch mal einen Meisenknödel probieren«,
sagte Billi, spannte die Arme aus, lief durch das Wohn-
zimmer und tat so, als würde er fliegen wie ein Vogel.
Frau Sandmann setzte sich in ihren Sessel, von dem aus
sie sehen konnte, ob Meisen ihre Meisenknödel anflogen.
»Du kannst keinen Meisenknödel essen«, sagte Frau
Sandmann, »der Meisenknödel schmeckt nur Meisen gut.«
Billi schimpfte: »Das ist ungerecht. Die Meisen haben
einen Meisenknödel und ich kann noch nicht mal fliegen.«
Frau Sandmann lachte, dann ging sie in die Küche, um
Mittagessen zu kochen.
»Was gibt es denn heute zu essen?«, fragte Billi immer
noch trotzig.
»Heute koche ich für dich Knödel«, sagte Frau Sandmann
geheimnisvoll.
»Stinknormale Knödel?«, fragte Billi.
»Nein, nein«, sagte Frau Sandmann, »heute gibt es keine
stinknormalen Knödel, heute gibt es Billiknödel.«
Billi horchte auf, der Tag schien doch noch für ihn
gemacht zu sein.

Draußen schneite es wieder.
Am Fenster flog eine Meise ihren Meisenknödel an
und pickte ungesehen einen großen Bissen davon ab.

*Billiknödel: 500g Spinat kocht man ab, presst ihn liebevoll aus
und wiegt ihn fein. Man nimmt 500g Möhren, kocht sie in
Salzwasser weich und mancht sie zu Püree. Nun rührt man
30g Butter weich, gibt 2 bis 3 Eier hinzu, vergisst nicht das
Gemüse, rundet das Ganze mit 1 kg geriebenen, kalten,
aber schon gekochten Kartoffeln und etwas Mehl ab, verfeinert die
Masse nun mit Salz, Pfeffer und lustiger Petersilie und formt
daraus dicke, fette, runde Billiknödel. Danach lässt man
kochendes Wasser abklingen und darin dann die Billiknödel
1/2 Stunde lang ziehen. Guten Appetit, ihr Billis dieser Welt.*

Ganz neue Fische

Plötzlich finden wir in unseren Seen und Flüssen
eine Anzahl neuer Fische vor, die sich von Tag zu
Tag vermehren. Hier ist nun eine erste Aufstellung
der wichtigsten und bekanntesten der neuen Fische:

Der weit verbreitete Coca-Cola-Dosenfisch,
der verrostete Bierflaschenverschlussfisch,
der gelbe Bananenschalenfisch,
der gemeine Sprudelglasscherbenfisch,
der unmögliche Süßigkeitenpapiertütenfisch,
der weiße Supermarkttragetaschenfisch,
der rote Zigarettenschachtelfisch,
der alberne Müllfisch,
der stinkende Dreckfisch,
der schimmelige Restefisch.

Strandgut

Was bringt das Meer wohl an den Strand?
Am Strand liegt nicht nur Sand:
Einmal das Ganze abgerannt,
man findet allerhand.
Wie zum Beispiel:

bambus bambus bambus bambus

Eine leere Whiskyflasche,
eine ALDI-Tragetasche,
eine Kiste aus Sri Lanka
und 'nen Spielzeuggummianker.

Eine rote Plastikrose,
eine leere Cola-Dose,
ein Bikini-Oberteil
und dazu ein dickes Seil.

Nanu? Ein dickes Seil?
Was hing daran?
Ich schau's mir an.
Eine Kuh? Genau, das ist ein Kuhseil!

Was bringt das Meer wohl an den Strand?
Am Strand liegt nicht nur Sand:
Einmal das Ganze abgerannt,
man findet allerhand.

Wie zum Beispiel:

bambus bambus bambus bambus

Große Muscheln, kleine Muscheln,
in denen Sandkäfer kuscheln.
Hält man sich ans Ohr die Muscheln,
hört man drinnen das Meer tuscheln.

Eine Schokoladenschüssel,
ein Schatzkisteneisenschlüssel.
Ein Tuch! Spieln wir jetzt Blindekuh?
Oh, da liegt ein goldner Schuh!

Nanu? Ein goldner Schuh?
Was liegt der hier?
Und passt er mir?
Er passt!

Was bringt das Meer wohl an den Strand?
Am Strand liegt nicht nur Sand:
Einmal das Ganze abgerannt,
man findet allerhand.
Wie zum Beispiel:

bambus bambus bambus bambus

Eine blaue Taucherbrille,
eine Feder, killekille,

Badewannen, Eierpfannen,
Plastikdeckel von Milchkannen.

Gummibälle, Autoreifen
und ein Krebs zum Hinternkneifen,
vierzehn Kisten Babykost
und auch eine Flaschenpost.

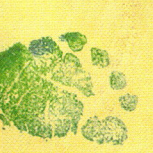

Nanu? Eine Flaschenpost?
Die ist ja für mich:
»Hallo, hallo,
hier spricht dein Wecker:
Wenn du weiter so träumst,
wirst du noch zu spät
in die Schule kommen.
Wach also auf!
Klingelingeling!«

Was bringt das Meer wohl an den Strand?
Am Strand liegt nicht nur Sand:
Einmal das Ganze abgerannt,
man findet allerhand.
Wie zum Beispiel:

bambus bambus bambus bambus

…

(Zum Weiterdenken!)

Die kleinen Krebse

Die kleinen Krebse
haben es schwer,
sie krebsen und krebsen
weit aus dem Meer.
Dann kommt das Meer
und holt sie wieder,
dann kommt das Meer
und holt sie wieder her.

Die kleinen Krebse
haben es schwer,
sie krebsen und krebsen
weit aus dem Meer.
Dann kommt das Meer
und holt sie wieder,
dann kommt das Meer
und holt sie wieder her.

Der Sportreporter: *Und hier melden wir uns zurück vom Wettkampf der Krebse gegen das Meer. Und wieder versuchen die kleinen Kerle das Festland zu erreichen. Und tatsächlich, sie sind fast am Ziel – da! – es ist wirklich unglaublich, da kommt eine Welle und nimmt sie wieder mit ins lästige Nass. Schade, schade, gerade diese kleinen sympathischen Tiere hätten es mal verdient, dem feuchten Element für eine Weile zu entfliehen.*

Die kleinen Krebse
haben es schwer,
sie krebsen und krebsen
weit aus dem Meer.
Dann kommt das Meer
und holt sie wieder,
dann kommt das Meer
und holt sie wieder her.

Manchmal sieht man vor lauter Bäumen den Wald nicht mehr I

Manchmal sieht man vor lauter Straßen den Wald nicht mehr.
Manchmal sieht man vor lauter Straßen und Fabriken den Wald nicht mehr.
Manchmal sieht man vor lauter Straßen, Fabriken und Parkplätzen den Wald nicht mehr.
Manchmal sieht man vor lauter Straßen, Fabriken, Parkplätzen und Ampelkreuzungen den Wald nicht mehr.
Manchmal sieht man vor lauter Straßen, Fabriken, Parkplätzen, Ampelkreuzungen und Freizeitanlagen den Wald nicht mehr.
Manchmal sieht man vor lauter Straßen, Fabriken, Parkplätzen, Ampelkreuzungen, Freizeitanlagen und Wanderern den Wald nicht mehr.
Manchmal sieht man vor lauter Straßen, Fabriken, Parkplätzen, Ampelkreuzungen, Freizeitanlagen, Wanderern und Bierflaschen den Wald nicht mehr.
Manchmal sieht man vor lauter Straßen, Fabriken, Parkplätzen, Ampelkreuzungen, Freizeitanlagen, Wanderern, Bierflaschen und Eisstielen den Wald nicht mehr.
Manchmal sieht man den Wald nicht mehr!

Das Blatt

Ein einsames Blatt treibt durch die Straßen
und weiß nicht, wohin es will.
Und die es sahen und gleich dann vergaßen,
die liegen im Bett und sind still.

Sie träumen von einem einsamen Blatt,
das fiel vom Birnenbaum.
Sie essen 'ne Birne und fühlen sich satt,
so wenigstens in diesem Traum.

Sie träumen von einem einsamen Blatt,
das auf die Bettwäsche fiel.
So stehen sie auf und ziehen sie ab
und waschen sie weiß mit Persil.

Ein einsames Blatt treibt durch die Straßen
und weiß nicht, wohin es will.
Und die es sahen und gleich dann vergaßen,
die liegen im Bett und sind still.

Der Apfel

In meinem Apfel wohnt ein Wurm
und hat dort seine Wohnung
mit einem kleinen Aussichtsturm
und einer schönen Schonung.

Wenn ich den Apfel essen mag,
dann schell ich dreimal Sturm,
dann öffnet er den Türverschlag
und meldet sich: »Hier Wurm«.

Herr Wurm, ich habe Appetit,
mich reizt Ihr Apfelhaus.
Sie wohnen dort doch nur zur Miet,
ich schmeiße Sie nun raus.

Dann windet er sich hin und her
und heult mir laut was vor:
»Ich schlepp an meinem Ende schwer.«
Wir singen dann im Chor:

»Wenn einer eine Wohnung hat,
dann lass sie ihm daheim,
und wär es ein Kohlrabiblatt
oder ein Äpfelein.«

In meinem Apfel wohnt ein Wurm
und hat dort seine Wohnung
mit einem kleinen Aussichtsturm
und einer schönen Schonung.

Manchmal sieht man vor lauter Bäumen
den Wald nicht mehr II

Manchmal sieht man vor lauter Kakao die Milch nicht mehr.
Manchmal sieht man vor lauter Mayonnaise die Pommes nicht mehr.
Manchmal sieht man vor lauter Kindern die Schokolade nicht mehr.
Manchmal sieht man vor lauter Skifahrern den Schnee nicht mehr.
Manchmal sieht man vor lauter Streit den Freund nicht mehr.
Manchmal sieht man vor lauter Arbeit den Spaß nicht mehr.
Manchmal sieht man vor lauter Ziel den Weg nicht mehr.
Manchmal sieht man vor lauter Bäumen den Wald nicht mehr.

Manchmal sieht man vor lauter Bäumen den Wald nicht mehr III

Manchmal sieht man vor lauter Bäumen den Wald nicht mehr
Manchmal sieht man vor lauter Bäumen den Wald nicht
Manchmal sieht man vor lauter Bäumen den Wald
Manchmal sieht man vor lauter Bäumen den
Manchmal sieht man vor lauter Bäumen
Manchmal sieht man vor lauter
Manchmal sieht man vor
Manchmal sieht man
Manchmal sieht
Manchmal
Manchmal sieht man vor lauter Bäumen den Wald nicht mehr

(Ein Stück für zehn Sprecher, die mit dem
Wegfall der Wörter auch nach und nach
verstummen.)

151

Herbst

Nebel liegt auf allen Wiesen,
allen Feldern, allen Straßen,
so als rauchten fünfzig Riesen
zig Zigarren in Unmaßen,
so als zögen Schäfchenwolken
abends über Straßen her,
dass sie nur nicht einer sehe
in dem dichten Fernverkehr.
Während ihre Eltern glauben,
dass sie schlafen weich am Himmel,
haben sie wie Turteltauben
diesen heilen Herbstfestfimmel.
Es ist Herbst,
es ist Herbst,
es ist Herbst,
es ist Herbst.

Und die Autofahrer trödeln,
träumen langsam hinternander
von Salat und Leberknödeln
und mit Gulasch durcheinander,
während bunte Blätter knallen,
auf die Köpfe kleiner Kinder,
bis sie auf Erdboden fallen
für ehrliche Blätterfinder.
Und wenn du dann Blätter färbst,
ist es Herbst, ganz einfach Herbst.
Wenn du einen Drachen erbst,
lass ihn steigen, es ist Herbst.
Es ist Herbst,
es ist Herbst,
es ist Herbst,
es ist Herbst.

Das Lied vom sicheren Ende des Winters

Schaut, es taut,
der Frühling kommt, der Winter geht.
Schaut, es taut,
der Schnee, der auf den Bergen steht,
kommt nun als Bach, als Bach herunter,
die Sonne grinst und fühlt sich pudelmunter.

Schaut, es taut,
vom Sommer singt der Sänger.
Schaut, es taut,
die Tage werden länger.
Vergiss den Schnee, den Winter, den ganz kalten,
der Frühling kommt, ist nicht mehr aufzuhalten.

Schaut, es taut,
ade verfrorne Hände.
Schaut, es taut,
die Blumen sprechen Bände.
Schon in acht Wochen kannst du getrost Eis essen
und diesen Winter wohl für ein Jahr vergessen.

Schaut, es taut,
ganz leis und gar nicht laut.
Schaut, es taut,
und taut und taut.

Die Gänseblümchen blühn, aus Weiß wird endlich Grün,
die Gänseblümchen blühn, aus Weiß wird endlich Grün.
Schaut, es taut,
es taut und taut,
es taut und taut.

Der Schneeschieber

Immer schiebt der Mann was vor sich her,
den Schnee-schie-schie-schie-ber
den Schnee-schie-schie-schie-ber.

Und schiebt er nichts mehr vor sich her,
dann ist auf Schnee das Gehen schwer.

Immer schiebt der Mann was vor sich her,
den Schnee-schie-schie-schie-ber
den Schnee-schie-schie-schie-ber.

(Leih dir Papas Schneeschieber aus und schiebe ihn
zu der Schnee-schie-schie-schie-ber-Zeile
rhythmisch über den Boden.)

Nachweis einzelner Texte

Die Texte *An der Bushaltestelle, Das Blatt, Der Kühlschrank, Die Dusche, Der Apfel, Der Schuh ist aufgegangen, Hut Hut, Das Frühstücksei, Zähneputzen leicht gemacht* und *Wolken und Sterne* erschienen erstmals, zum Teil unter anderem Titel, auf der Kassette *1-2-3-4 Zähneputzen* im Patmos Verlag. © 1996 Patmos Verlag GmbH, Düsseldorf

Das Gedicht *Die Stille* erschien erstmals in Lorenz Wieland/Erwin Grosche: Achtung Monster. Ein Ideenbuch mit Spielen, Tricks und Basteleien, © 1998 by Arena Verlag GmbH, Würzburg

Der Text *Der Schlafbewacher*, hier in vom Autor leicht veränderter Fassung, erschien erstmals im gleichnamigen Bilderbuch im Gabriel Verlag. © 1999 Gabriel Verlag in K. Thienemanns Verlag, Stuttgart–Wien

Der Text *Die Lokomotive* stammt von Heiko Grosche.

Verzeichnis der Texte